体育产业
发展与创新研究

杨宇辰◎著

经济管理出版社
ECONOMY & MANAGEMENT PUBLISHING HOUSE

图书在版编目（CIP）数据

体育产业发展与创新研究 / 杨宇辰著. -- 北京：
经济管理出版社，2024. -- ISBN 978-7-5096-9966-9

Ⅰ．G812

中国国家版本馆 CIP 数据核字第 2024VZ9712 号

组稿编辑：张丽嫒
责任编辑：杜　菲
责任印制：许　艳
责任校对：王淑卿

出版发行：经济管理出版社
　　　　　（北京市海淀区北蜂窝 8 号中雅大厦 A 座 11 层　100038）
网　　址：www. E-mp. com. cn
电　　话：（010）51915602
印　　刷：北京金康利印刷有限公司
经　　销：新华书店
开　　本：720mm×1000mm/16
印　　张：11. 75
字　　数：218 千字
版　　次：2024 年 12 月第 1 版　　2024 年 12 月第 1 次印刷
书　　号：ISBN 978-7-5096-9966-9
定　　价：88. 00 元

前　言

体育产业，作为现代经济体系中的重要组成部分，正以其独特的魅力和巨大的发展潜力，成为全球经济的新引擎。在全球化的背景下，体育产业经营管理与创新发展呈现出多元化和国际化的趋势。一方面，体育赛事的国际化推广，不仅提升了体育产业的全球影响力，也为各国体育产业的交流与合作提供了平台；另一方面，数字技术的飞速发展，为体育产业的经营管理带来了革命性的变化，使个性化服务、智能训练、虚拟体验等成为可能。

基于此，本书以"体育产业经营管理与创新发展研究"为主题，专注于体育产业经营管理与创新发展的深度研究，全面分析了体育产业在现代经济中的重要作用及其面临的机遇与挑战。在理论层面，深入探讨了体育产业的内涵、特点、发展规律以及我国体育产业的发展机遇，为体育产业的经营管理提供了坚实的理论基础。本书不仅审视了体育产业的组织结构、市场运作机制和监管体系，还系统地阐述了体育产业的经营管理策略和发展战略。在实践方面，特别强调了体育产业经营管理的创新性和智慧化，从体育场馆的智能化管理、体育赛事的营销创新，到休闲体育产业的科学化发展和数字技术的应用，提供了丰富的案例和实践指导。此外，还对体育广告的经营策划、中国元素在体育广告中的创新应用进行了深入分析，为体育产业的市场化营销提供了新的视角。

本书内容丰富、结构严谨，既适合体育产业的管理者和经营者作为经营管理的参考书籍，也适合体育产业研究者和教育工作者作为学术研究的资料，对于推动体育产业的经营管理与创新发展具有重要的指导意义。本书在撰写过程中注重内容的逻辑性和系统性，确保读者能够获得全面、深入的理解和启发。期望本书的出版能够为体育产业的持续发展提供新的思路和方法。

目　录

绪　论

一、体育产业的内涵与特点

（一）体育产业的内涵

体育产业是指与体育相关的各种经济活动的总称，其涵盖的范围相当广泛，包括但不仅限于以下方面：

1. 体育赛事与活动

涉及各种形式的体育比赛、竞技活动和表演等。此类活动不仅包括职业体育比赛，如足球、篮球、网球等，还包括业余和社区级别的赛事。

2. 体育设施与场馆

涉及体育场馆的建设、维护和运营。这些场馆包括体育场、体育馆、游泳池、健身房、高尔夫球场等。

3. 体育用品与设备

涉及生产和销售各种体育器材、服装和设备，如运动鞋、球类、健身器材等。

4. 体育传媒与广播

涉及体育新闻、赛事转播、体育杂志和网站等媒体活动。

5. 体育教育与培训

涉及体育学校、教练培训、健身教练指导等方面的教育和培训服务。

6. 体育旅游

涉及为参加或观看体育赛事而进行的旅游活动，包括体育赛事旅游、体育休闲度假村等。

7. 体育健康与康复

涉及利用体育活动进行健康促进和康复治疗的相关产业，如运动康复中心、理疗中心等。

8. 体育营销与管理

涉及体育赛事的营销、体育品牌管理、体育经纪人和体育经济研究等。

体育产业不仅对经济发展有重要作用，还在促进社会健康、提高全民素质和增进国际交流方面发挥着重要作用。随着社会经济的发展和人们健康意识的提高，体育产业的内涵和外延也在不断扩大和深化。

（二）体育产业的特点

1. 世界体育产业的特点

（1）体育产业的商业化程度高。全球范围内，体育产业已经进入了高速发展阶段，逐渐融入社会各个领域，与多个行业建立了联系。在这一过程中，体育产业的商业化程度显著提升。一个典型的例子是美国职业篮球联赛（NBA），其通过完善的市场运作机制、丰富的产品包装形式以及开放的商业理念，成功将美国篮球产业推向了全球市场。这种商业化进程不仅增加了体育产业的经济收益，还促进了体育文化的全球传播。

（2）体育产业的影响力广泛。随着世界经济水平的提升，人们对身体健康和休闲娱乐的重视程度不断增加，参与各类健身运动的热情随之高涨。体育运动所带来的快乐和健康效益使得全球体育人口持续增长，进而提升了体育产业的商业价值。在体育比赛和体育活动中，越来越多的企业通过赞助和广告等形式参与到体育产业中，彰显了其广泛的社会影响力。这不仅推动了体育经济的发展，也带动了相关产业链的繁荣。

（3）体育产业的产值高。现代科技的迅猛发展推动了全球经济的增长和发展，体育产业随之受益。人们对体育活动的需求不断增长，使得体育产业的经济产值不断提升。与其他产业相比，体育产业具有能源消耗少、环境污染小的特点，符合可持续发展的理念，契合经济增长方式转变的要求。因此，体育产业不仅能够实现长期发展，还能创造较高的经济价值，为全球经济注入新的活力。

（4）体育产业的从业人数较多。由于体育产业具有广泛的影响力，覆盖范围大，其在促进社会就业方面发挥了重要作用，部分缓解了就业压力。随着体育运动的职业化、商业化和市场化进程不断加深，体育产业未来在扩大内需、增加就业方面将展现出独特的优势。体育产业不仅创造了大量直接就业岗位，还带动了相关服务业的发展，为社会提供了更多的就业机会。

2. 我国体育产业的特点

我国体育产业与世界体育产业既有相似之处，也存在显著的差异。这种差异主要源于我国的政治体制和国情，使得我国的体育产业在发展过程中呈现出双重特性：一方面包含国际通行的体育产业范畴；另一方面又将体育事业纳入其中，形成了独具中国特色的发展模式。

在体育事业方面，我国体育产业的特点主要体现在公益性和福利性上。体育事业的发展任务是满足社会的精神文明需求，这一目标决定了体育事业的资金来源主要依靠政府财政支持，事业单位无须缴纳税金。体育事业经济的性质是产品经济，运作依赖于行政指令，重点在于实现公益和社会效益。因此，体育事业的运营更多地关注社会福祉和公共利益，通过提供免费的或低成本的体育服务，促进全民健身和社会和谐。

在体育产业方面，我国体育产业的特点则更多地表现为对经济效益的重视。体育产业具有强烈的商业性质，主要目标是通过市场运作获取经济利益。体育产业中的企业需要自行筹措发展资金，或通过银行贷款来维持运营。同时，体育产业企业必须按照国家规定缴纳相应的税费，这与体育事业有明显的区别。体育产业经济的性质是商品经济，依靠市场调节来维持运行，企业在经营过程中以提高经济效益为主要目标，兼顾社会效益的提升。

二、体育产业的形成与发展

体育产业的形成是体育运动从单纯的娱乐活动逐步演变为具有经济收益的商业化经营项目的过程。这个过程可以视为体育商业化和业余体育职业化的双重推进。最早完成这一转变的国家是英国和美国。

英国在十六七世纪率先将体育作为一种产业加以发展。当时，户外运动在英国民间非常流行，一些资本家和贵族通过雇用表演者进行体育表演并组织体育比赛，以收取门票的方式获得收益。由于资本家和贵族的支持，再加上一些商业赞助，使民间体育活动得到迅速发展。在利益的驱动下，部分人将体育作为职业，从而推动体育比赛向商业化方向发展。随着体育俱乐部的建立和法人治理结构的引入，体育活动组织者逐渐以追求商业利润为目标，推动了国家及国际体育比赛体系的建立。体育明星的涌现、媒体报道的增多以及体育比赛对社会发展的影响力不断增强，进一步凸显了体育的社会影响力及其对相关产业的带动作用。

19 世纪 30 年代，英国完成了第一次工业革命，职业体育体系逐渐形成。体育比赛规则、体育产业的经营机制和体育组织等趋于专业化，推动了职业体育俱乐部的成立。这种模式后来成为欧洲职业体育发展的主要模式。英国社会、经济和文化背景为体育产业的形成和发展提供了有利条件。

19世纪初，美国借鉴了英国体育产业的发展经验，开始创建商业化的体育俱乐部。美国没有像英国那样的贵族阶层，资本家注重实际效益，因此美国选择了职业体育联盟机制。美国职业棒球队在1871年成立了国家职业棒球员协会，实行联盟的垄断经营。这种运作模式的成功使得其他运动项目纷纷效仿，最终形成了美国体育产业的主要发展模式。

美国职业体育联盟基本上垄断了单个运动项目的经营，获取高额利润，促进了美国体育产业的发展，使其取得了巨大的经济成就。体育产业的商业化和职业化进程，使得体育不仅成为一种大众娱乐和健身活动，还成为一个具有重要经济价值和社会影响力的产业。随着全球化的发展，体育产业在世界范围内得到了广泛推广，成为各国经济和文化交流的重要组成部分。

我国体育产业的萌芽可以追溯到20世纪初期，但真正意义上的体育产业化则始于改革开放以后。改革开放为中国的经济和社会发展带来了巨大的变化，也为体育产业的兴起创造了有利条件。体育作为一种新兴的社会现象，逐渐从单纯的体育活动发展为具有经济价值的产业链条。

在改革开放初期，国家政策的支持为体育产业的发展提供了强大的推动力。1980年，中国开始探索市场经济体制，体育产业也逐步走上市场化道路。1984年，中国运动员在洛杉矶奥运会上取得了优异成绩，这一成就极大地激发了全国人民的体育热情，并推动了体育事业的发展。随着体育市场的开放，体育赛事的商业化运营逐渐展开，赞助商和广告商的参与使体育产业开始展现出经济潜力。1990年，随着中国经济的快速增长，人民生活水平显著提高，体育消费需求不断增加。这一时期，中国政府出台了一系列政策，鼓励和支持体育产业的发展。体育场馆的建设、体育赛事的举办以及体育用品市场的扩展，使得体育产业逐步形成了较为完整的产业链。1995年，中国发布了《全民健身计划纲要》，进一步推动了全民健身运动的发展，为体育产业的繁荣奠定了基础。

进入21世纪，我国体育产业进入了快速发展阶段。2008年北京奥运会的成功举办是我国体育产业发展的重要里程碑。北京奥运会不仅展示了中国的综合国力，也极大地提升了国民的体育意识和参与热情。奥运会期间，我国体育产业的各个环节得到了全面发展，体育设施建设、赛事运营、赞助广告、媒体传播等方面都取得了显著进步。北京奥运会后，体育产业的商业化和职业化进程进一步加快，体育产业逐步走向成熟。

近年来，随着经济全球化和科技进步，我国体育产业不断创新和发展。电子竞技、互联网体育平台、体育旅游等新兴产业形式层出不穷，丰富了体育产业的内容和形式。同时，中国企业积极参与国际体育市场，通过收购海外体育俱乐部、赞助国际赛事等方式，扩大了我国体育产业的国际影响力。

我国体育产业的形成和发展有其独特的社会、经济和文化背景。首先，中国经济的快速增长为体育产业的发展提供了坚实的物质基础。随着人民生活水平的提高，体育消费成为一种新的生活方式和消费趋势，推动了体育市场的繁荣。其次，国家政策的支持和引导为体育产业的发展创造了良好的环境。政府通过政策调控和资金投入，鼓励社会资本参与体育产业，推动体育产业的市场化和商业化进程。最后，中国传统文化中的体育精神和现代体育理念的融合，为体育产业的发展注入了新的活力。

我国体育产业的发展不仅体现在国内市场的繁荣，也在国际舞台上展现出日益重要的影响力。中国企业和中国品牌积极参与国际体育赛事和活动，提升了我国体育的国际形象。同时，我国体育产业在吸引外资、技术引进和人才培养等方面也取得了显著成效，为全球体育产业的发展作出了贡献。

未来，我国体育产业将继续保持快速发展的势头。随着科技的不断进步，智能体育、虚拟现实等新技术将进一步应用于体育产业，提升体育消费体验，推动体育产业的创新和升级。此外，随着人民健康意识的增强和体育文化的普及，全民健身运动将进一步发展，带动体育产业的全面繁荣。

三、体育产业在我国的发展机遇

在中国特色社会主义新时代背景下，体育产业作为社会经济的重要组成部分，具备了巨大的发展潜力。体育产业不仅能够为我国实现经济强国目标提供新的发展动力，还能引导居民形成良好的体育健身消费习惯和健康的生活方式。在国家和政府的大力支持下，我国的体育产业市场潜力不断被激活，发展前景广阔，各类新兴产业形态持续推进，这为我国建设体育强国和实施健康中国战略奠定了坚实的产业基础。

（一）体育产业政策的相继出台

党中央、国务院对体育工作高度重视，在习近平新时代体育强国思想理论的指导下，国家相关部门出台了一系列政策文件，保障体育产业的发展。这些政策为我国体育产业营造了良好的政策环境，极大地调动了社会各界资本的积极性，形成了政策推动、部门联动、社会资本和各类市场主体积极参与的发展局面。政策的支持不仅为体育产业提供了发展的方向和动力，也在资源配置、资金投入、市场监管等方面提供了有力保障，确保了体育产业在健康、有序的轨道上快速发展。

（二）体育产业规模持续扩大

体育产业作为我国经济发展建设中的重点扶持产业，是第三产业的重要组成部分，对挖掘和释放国内消费潜力、培育经济增长新动能、保障和改善民生具有重要推动作用。在经济发展新常态的背景下，在国家政策和体育市场的双重红利推动下，我国体育产业的产值和规模不断扩大。这种持续扩大的趋势不仅体现了我国体育产业的活力和发展潜力，也表明了体育产业在国家经济体系中的重要地位。体育产业的快速发展不仅拉动了相关产业的发展，也为就业、创新、社会和谐等方面带来了积极影响。

（三）体育产业结构逐渐优化

随着科技的进步，"互联网+"作为一种新的经济形态，成为传统行业转型升级的重点方式，体育产业也积极与互联网融合，构建了全新的互联网体育产业生态模式。"互联网+体育产业"通过互联网平台，利用"大数据""云计算"等科技手段，形成了全新的产业生态。传统的体育产业结构以体育用品制造业为主，体育服务业为辅，但随着"互联网+"的深度融合，体育产业被赋予了新的活力。体育用品、体育传媒、体育社交、体育场馆、体育培训等多种业态结构得到了全面优化，衍生出大量体育科技产品和服务。这种融合不仅优化了体育产业结构，还促进了体育产业服务体系的细分与升级，基本形成了"互联网+体育产业"生态圈，推动了产业链的完善和价值链的提升。

（四）体育消费需求不断提升

随着国家政策的不断推动和居民生活水平的显著提升，体育消费需求正以前所未有的速度增长。近年来，国家发展和改革委员会与国家体育总局联合发布的《进一步促进体育消费的行动计划（2019—2020）》为体育产业的发展指明了方向，提出到2025年全国体育消费总规模达到2.5万亿元的宏伟目标。这一目标的设定不仅展现了我国体育产业迈向更高层次的决心，更是对体育消费持续升级、实现与经济社会发展相协调的有力保障。

2023 年我国体育消费市场规模已突破 2 万亿元大关，预计在未来几年将继续保持稳定增长。居民的体育消费模式也在经历着深刻的变革，从传统的实物型消费逐渐向服务型、体验型消费转型，这一转变不仅反映了体育消费需求的多元化，也体现了消费者对健康生活方式的追求。

体育消费的多元化趋势，不仅体现在消费者对各类体育活动和赛事的参与热情上，更表现在对体育相关产品和服务的多样化需求上。从健身房的会员服务到户外运动装备的购买，从线上体育课程的订阅到体育旅游的体验，体育消费的领域不断拓宽，为消费者提供了更加丰富和个性化的选择。此外，随着科技的发展，智能体育设备和应用的普及，也为体育消费带来了新的增长点。智能手环、运动追踪器等设备，通过监测用户的运动数据，帮助用户更好地规划和调整运动计划，提高了体育消费的科技含量和互动性。在这一过程中，政府和社会各界也在积极推动体育产业的创新与发展。通过政策扶持、资金投入和市场引导，不断优化体育产业的生态环境，激发市场活力，促进体育消费的健康发展。

第一章 体育产业与经营管理概论

第一节 体育产业结构及变动规律

一、体育产业结构的内涵阐释

体育产业结构的内涵是多维度的，它不仅涵盖了体育产业内部不同生产部门的构成，而且揭示了这些部门之间在经济和技术层面的相互联系。对体育产业结构的分析，有助于深入理解体育产品如何依赖于多样化的生产和服务部门，以及体育资源和经济资源在各个部门中的分配情况。

在国民经济的宏观视角下，产业结构通常被划分为三个层次：首先是三大产业，即第一产业、第二产业和第三产业的构成比例；其次是每个产业内部不同行业的构成比例，如农业内部的种植业与畜牧业的比例，工业内部的制造业与建筑业的比例；最后是行业内部各分支的构成比例，如体育产业中的竞赛表演业、健身娱乐业以及体育用品业等。

体育产业结构的各个组成部分并非孤立存在，它们之间存在着紧密的联系。体育广告、体育传媒、体育经纪、体育博彩等外围产业，往往与竞赛表演业的兴衰息息相关。健身娱乐业的流行，同样能够带动体育用品业的增长。这种相互依存的关系意味着，任何一个环节的滞后都可能对整个体育产业造成不利影响。因此，对体育产业结构的分析需要从整体出发，既要进行定性分析，也要进行定量分析，以科学合理地把握体育产业结构的全貌。

在产业经济学视角下，对产业结构的分析离不开劳动力、资本和产值这三大指标。劳动力和资本构成了产业的投入，而产值则是产业的产出。体育产业结构的静态格局，既包括了劳动力和固定资产，也涵盖了体育产业的总产值。在对体育产业结构进行深入分析时，需要识别那些对体育产业结构合理化产生影响的关键因素，并从理论层面为体育产业的发展战略提供支持。

随着经济的发展和社会的进步，体育产业结构也在不断地优化和升级。新兴产业的出现和传统产业的转型，都在推动体育产业结构向更加合理和高效的方向发展。例如，随着科技的进步，智能体育设备和在线体育服务的兴起，为体育产业结构带来了新的增长点。同时，随着人们健康意识的增强，健身娱乐业和体育旅游业也呈现出强劲的增长势头。

体育产业结构的优化，不仅能够提高体育产业的整体竞争力，还能够促进体育产业与其他产业的融合发展，形成更加完善的产业链。这需要政府、企业以及社会各界的共同努力，通过政策引导、市场机制和创新驱动，不断推动体育产业结构的升级和转型。

二、体育产业结构的变动规律

（一）体育产业内部结构变动规律

体育产业的内部结构变动规律，是反映一个国家体育偏好和体育产业发展水平的重要指标。它揭示了体育产业中不同分支行业在总产值中所占的比重，以及这些比重随时间推移而发生的变化。

体育产业的起源可以追溯到人们日常生活中的娱乐和表演方式。随着社会的进步，体育逐渐演变成一种社会文化活动，成为人们交流的重要途径。在近代工业文明的推动下，竞技体育开始成为主流，体现了时代对自由竞争和法律规范的追求。市场经济的发展进一步推动了体育活动的商业化，从而催生了现代体育产业。

在体育产业的早期，主要以生产体育用品为主，这些产品服务于大众体育和竞技体育。然而，由于服务产品在整个产业中所占的比重较小，导致早期的体育产业转化率不高，产业领域相对狭窄。

随着国民经济水平的提高和人们对生活质量的追求，体育产业迎来了快速发展。自20世纪六七十年代以来，体育本体产业取得了显著的进步，并衍生出许多与体育相关的产业。这些产业的发展不仅拓宽了体育产业的领域，增加了产品的种类，还提高了产业之间的关联度。

体育用品业在体育服务业的带动下也实现了快速发展。然而，在体育产业的总产值中，体育用品业所占的比重逐渐被体育服务业所超越。体育服务业不仅在产值上占据更大的份额，而且在产业软化率上也远高于体育用品业。这表明在新的时代背景下，体育产业的结构正在受到经济结构的影响，体育服务业的比重正在逐渐提高。

体育产业内部结构的变动规律，反映了体育产业正在从以生产为主向以服务为主转变。这种转变不仅促进了产业内部结构的优化，也推动了整个产业领域的拓展。体育服务业的兴起，为体育产业带来了新的增长点和发展空间。在这一过程中，政府、企业和社会各界需要共同努力，通过政策引导、市场机制和创新驱动，不断推动体育产业的结构调整和优化。同时，也需要关注体育产业的可持续发展，确保体育产业的健康发展与社会经济的协调一致。

（二）体育产业外部结构变动规律

体育产业的地位和作用在国民生产总值中的体现，可以通过体育产业产值的外部结构来观察。体育产业在国民经济中所占的份额，即体育产业总产值在国民经济总体中的比重，反映了体育产业在整个经济结构中的地位和发展状况。随着人们生活水平的提高，消费需求的升级，特别是对高层次文化娱乐和健康生活方式的需求增加，体育服务的需求也随之提升。因此，体育产业在国民经济中的地位逐步上升，发挥的作用日益凸显。

体育产业的外部结构变动规律指的是在国民经济发展过程中，体育产业随着经济发展而发生的变化趋势。经济的发展不会让资源长期固定在某一特定产业中，而是会在不同产业间进行流动和调整。随着经济结构的转型，国民生产总值中不同产业的比重也会发生变化。经济资源逐渐从传统的第一产业（农业）向第二产业（工业）和第三产业（服务业）过渡，这一转变不仅推动了服务业的发展，也为体育产业的增长提供了有利条件。体育产业属于第三产业（服务业）的范畴，它会将种类丰富的体育服务产品输送给市场，让人们的体育需求得到满足，该产业的口号就是"不断提高居民的科学文化水平和素质"。随着我国经济发展水平的不断提高，体育产业在第三产业中发挥的作用会越来越明显，同时也会占据国民经济的重要地位。我国体育产业在社会市场经济中的发展前景是十分广阔的，体育产业经济发展衍生出的许多副产业也不断扩展开来（韦森，2021）。

第二节　体育产业的市场运行与监管

一、体育产业的市场消费

（一）体育市场消费的特征与方式

体育消费作为一种非迫切性需求，其决策完全取决于个人意愿、兴趣和生活方式，与人们的收入水平、行为习惯密切相关。体育消费的特性决定了市场开发者需要按照市场规律，耐心等待合适的时机来推广和满足消费者需求。

1. 体育消费的基本特征

（1）体育消费的非迫切性。体育消费的非迫切性使得消费者可以根据自己的意愿和经济状况进行消费决策。体育不是生存的基本需求，而是一种发展与享受的需要。因此，个体可以随时选择是否进行体育消费，也可以根据个人心境和经济状况的变化调整消费行为。这种需求的弹性使得市场开发者不能急于求成，而是需要耐心等待消费者自发的需求释放。

（2）体育消费具有不均衡性。这种不均衡性主要表现在两个方面：一是参与消费人群的不均衡。不同年龄、性别、地域的人群在体育消费中表现出明显的差异，如健身俱乐部中年轻人多于老年人、城市居民多于农村居民等。二是时间和季节的不均衡性。体育消费在不同时间段和季节的需求差异显著，如夏季游泳池的使用率高于冬季、晚间保龄球馆的人流量多于白天等。这种不均衡性增加了经营者们在市场运营和资源配置上的挑战，需要灵活应对不同时间段和群体的需求波动。

（3）体育消费能力具有层次性。体育消费能力被视为一种特殊的消费能力，表现在参与专门或特定体育活动时的消费力度和选择上。由于体育消费品种繁多，人们往往会根据个人兴趣和消费承受能力作出选择。这种选择不仅取决于个人的消费承受能力，还反映了社会中个体在经济层面的差异化特征。一般来说，体育消费能力强的人群通常是高收入或高职位者，他们能够承担多样化且高消费的体育活动，如同时参与高尔夫球和网球运动。相比之下，体育消费能力较弱的群体多为一般收入或中等收入者，他们则更倾向于有选择性地参与适合自己的体育活动。而那些没有体育消费能力的人，主要是中等以下或低收入者，他们通常只能对体育消费持观望态度，因为他们的经济实力限制了他们对体育消费的深度参与和投入。

（4）体育消费具有时间延续性。体育消费者往往会长期投入到某种体育活动中，这种持续的参与不仅仅是简单的消费行为，更是一种持久的生活方式和文化追求。随着体育消费水平的提升，人们愿意在体育活动中投入更多的时间和精力，这种持续性消费不断强化个体对体育活动的认同感和参与感。

（5）体育消费具有文明进步性。体育作为社会文化活动的重要组成部分，不仅反映了人类的文明进步和社会发展水平，还能够塑造和影响社会的精神风貌和公共文化环境。相比于简单的物质消费，体育消费更多地体现了个体对健康、精神愉悦和社交互动的需求，这种消费模式推动了社会经济结构的转变和传统消费观念的变革。在中国，体育消费水平的提升不仅为经济增长注入了新动力，也为社会文化的繁荣和进步作出了重要贡献。

2. 体育消费的主要方式

体育消费可以按照不同的标准划分成两大类：一类是实物型体育消费，另一类是非实物体育消费。消费的方式主要有以下三种：

（1）实物型体育消费。实物型体育消费主要指购买各类体育用品的行为。这些体育用品包括运动服装、护具、器材、饮料、食品、纪念品等，它们在消费者的生活中发挥着实际的使用和装备功能。实物型体育消费不仅是为了满足体育活动的需求，更是一种与时尚、个性化相关的消费选择。例如，购买新款运动服装和流行的健身器械既是为了运动，也是为了表达个人的时尚品位和健康意识。这种消费行为不仅受到体育需求的驱动，还受到消费者个体经济能力和文化追求的影响。

（2）观赏型体育消费。观赏型体育消费指的是购买体育赛事、表演或展览的门票，或是购买相关录像带、光盘等产品。观赏型体育消费不仅是单纯的观赏活动，更是一种精神文化上的享受和体验。体育赛事和表演的市场规模、发展水平直接影响了相关产业链的健康发展，包括媒体传播、赛事组织、赞助商支持等。消费者通过观赏体育赛事和表演，不仅能够获得视觉上的愉悦和文化上的满足，也促进了体育产业的多层次发展。

（3）参与型体育消费。参与型体育消费也属于非实物体育消费，指的是为了健康和娱乐而购买健身和体育服务的行为。这类消费包括健身俱乐部会员费、健身培训、体能测试、健康评估以及康复服务等。参与型体育消费不仅是一种生活方式的选择，更是个体健康意识和生活质量追求的重要体现。健身娱乐市场的健康发展依赖于消费者对健康和生活质量的关注程度，同时也推动了健身服务行业的不断创新和提升。

（二）体育市场消费的需求分析

1. 体育消费者的购买需求

（1）体育消费者的购买决策过程。通常情况下，以下六个阶段是体育消费购买决策经历的阶段：

1）形成体育消费需求。消费者可能因身体不适或外界刺激而产生体育消费需求。这些刺激既可以是内在的，如个人健康意识的觉醒，也可以是外在的，如朋友的推荐或广告的影响。消费者的消费行为始于对体育活动的实际需求和愿望，这种需求直接决定了后续决策过程的展开。

2）产生购买动机。体育消费者在形成消费需求后，会受到多种因素的影响而产生购买动机，包括个人健康目标、社交需求、时尚追求以及经济能力等。这些因素共同作用，驱动消费者进一步探索和决策。

3）收集体育商品或体育服务信息。消费者通过市场调查、媒体报道、朋友推荐等多种途径收集关于体育商品或服务的信息。信息的获取不仅能帮助消费者了解产品的特性和性能，还能影响消费者对品牌和质量的信任度，直接影响后续的购买决策。

4）评估待购体育商品或体育服务。在评估过程中，消费者关注产品的价值和效用，以及与价格相关的性能和服务。消费者的评估过程依赖的不仅是产品本身的属性，还包括品牌声誉、市场口碑以及个人的偏好和预算考量。

5）购买决策。尽管消费者可能已经形成购买动机并收集了足够的信息，但最终的决策仍受到多种因素的影响。个人经济状况、家庭支持、消费者对品牌的态度以及销售人员的推荐都可能在这一时刻起到决定性作用。消费者在决策时权衡利弊，考虑自身需求和预期收益，做出是否购买的最终决定。

6）购后评价。体育消费者对购买的体育商品或服务进行评价，"满意"则可能会成为品牌忠实的长期消费者，反之则可能会寻找替代品或其他品牌。消费者的评价不仅影响个人的再次购买行为，也对体育经营单位的市场声誉和品牌形象产生重要影响。

（2）体育消费者的购买心理。当下属于买方市场，市场营销要从消费者的角度出发，了解消费者的需求，分析消费者的消费习惯。因此，体育消费者的购买心理是体育营销人员必须认真加以分析和研究的重要内容之一。

1）消费者的一般心理特征。体育消费者在产生购买行为之前，通常会展现出一些普遍的心理特征。他们渴望通过体育消费获得健康、时间、安全感、成就感、自信心等，同时也希望在社会角色中成为好的父母、有创意的人、对他人有影响力的人或者被他人认同和赞赏的人。此外，他们也渴望通过体育消费来表达自己的个性特质，欣赏美好事物。这些心理特征不仅反映了个体对体育消费的需求，还揭示了其对个人身份和社会认同的深刻追求。

2）体育消费者购买动机。体育消费者的购买动机可以分为商品动机和爱顾动机。

商品动机包括感情动机和理性动机。感情动机指的是消费者因情感上的联想或暗示而产生的购买冲动，这可能受到广告、产品展示和销售员推介等因素的影响；理性动机则更多是基于对产品实用性、质量、价格和售后服务等方面的考虑，体现了消费者的理性选择和判断能力。

爱顾动机强调消费者在长期购买行为中形成的忠诚度和依赖性。体育消费者可能会因为某体育场所吸引人的气氛、优质的产品和服务，或者良好的价格优势而成为其固定消费者。这种动机不仅源自感情因素，还受到理性因素的影响，如消费场所的信誉和交易便利性等。

2. 体育消费需求的影响因素

在现实生活中，人们在满足自身的体育消费需求时往往会借助以下两种途径：一是消费者通过市场购买自己所需的体育用品；二是通过社会公共消费基金的支付，由社会提供公共体育锻炼场所和公共体育锻炼设施，以满足人们的体育消费需求。与这两种体育消费的基本途径相对应，人们的体育消费就具有了较固定的两种方式。在计划经济条件下，体育市场基本上不存在。人们要满足自己的体育消费需求，一般都是通过第二种途径获得。而在市场经济条件下，人们要获得体育消费需求就要有以上两种途径。并且，第一种途径会比第二种途径更具有需求的价格弹性。因此，我们在分析体育产业消费需求的主要因素时，将重点放在第一种途径上。

体育消费需求同属于经济和体育两个领域的重要范畴，体育消费需求正在随着经济的快速发展而不断上升。自改革开放之后，居民的体育消费需求已经得到最大程度的满足。要想及时发现和解决体育消费需求中出现的各种问题，就要分析有哪些因素会影响体育消费需求。以下几个因素都会对体育消费需求产生影响：

（1）体育产品或服务的价格。价格的高低直接决定了消费者是否愿意购买特定的体育用品或服务。随着价格的变动，消费者的购买行为也会相应地调整。价格敏感度在这里扮演着关键角色，即市场上的需求对价格变化的反应程度。如果体育产品或服务价格上涨，消费者可能会减少购买量或寻找替代品；反之，价格下跌则可能刺激消费者增加购买量。

（2）相关产品的价格。相关产品分为替代品和互补品两大类，替代品指的是可以取代某种体育产品的其他产品，而互补品则是需要结合其他产品的使用才能发挥效用的产品。消费者在决定是否购买某种体育产品时，通常会考虑到相关产品的价格变化对其购买意愿的影响。例如，当某种体育用品的互补品价格上升时，消费者可能会降低对该体育用品的需求，因为整体成本增加；反之，如果互补品价格下降，消费者则可能更倾向于购买该体育用品。

（3）收入。收入水平直接影响消费者对体育产品和服务的需求程度。一般来说，当消费者的收入增加时，他们通常会有更多的闲暇时间和经济实力，这促使他们增加对体育消费的需求，包括购买体育用品、参与健身活动或体育赛事等；相反，如果消费者的收入减少，他们可能会削减在体育消费上的支出，或者调整选择更为经济实惠的体育活动形式。

（4）人口因素。随着人口数量的增加，参与体育活动的人群也相应增加，从而推动了对体育用品和服务需求的扩展。特别是在中国社会老龄化加剧的情况下，45岁以上的人口群体对健康和生活质量的关注增加，他们可能会更频繁地参与体育健身活动，如健身房运动、户外运动等。这部分人群通常拥有较为稳定的收入和相对充裕的时间，因此成为体育市场中重要的消费群体。年轻群体则倾向于追求时尚和个性化的体育产品和服务。他们可能更愿意花费时间或金钱在潮流运动装备、新兴体育项目或者线上体育内容上，这些消费行为也受到他们相对较高的消费能力和对时尚、科技感兴趣的心理因素影响。人口因素主要包括以下方面：

1）总人口数。总人口数作为体育市场的基础因素，直接决定了市场的潜在规模和扩展空间。随着总人口数的增长，体育消费的潜在需求随之增加。因此，市场分析者需要详细研究本国的总人口情况，以及人们对体育产品和服务的实际需求，从而有效地评估市场的容量和发展潜力。

2）年龄分布。不同年龄段的消费者有着不同的体育偏好和需求。年轻人通常偏爱激烈的体育运动和时尚的运动装备，而中老年人则更倾向于休闲、保健类的体育活动和便捷的体育用品。儿童和青少年则可能对体育游戏、玩具等产生浓厚兴趣。因此，在开发和推广体育产品时，针对不同年龄段的消费群体需求进行细分和定位，是提高市场竞争力的关键之一。

3）性别。男性和女性在体育产品的选择、购买动机以及消费行为方面存在显著差异。例如，男性可能更倾向于购买专业性较强的运动器材和参与竞技性体育活动，而女性则可能更关注健身、瑜伽等保健型体育活动及相应的装备。了解并满足不同性别消费者的需求，有助于体育企业更精准地制定市场营销策略和产品推广方案。

4）教育程度。受过高等教育的人群往往具有更广泛的文化视野和多元的消费理念，他们可能更愿意投入到体育健身的高端服务和产品中。因此，体育企业在进行市场定位时需要考虑不同受教育程度人群的消费特点和行为模式，以有效满足他们的个性化需求。

5）家庭规模。从传统的大家庭到现代的小家庭结构，家庭成员的消费习惯和需求发生了显著变化。例如，小家庭结构可能更注重家庭成员的个性化体育消费需求，如家庭健身设备和体育活动的选择。了解家庭规模对体育消费的影响，有助于企业在产品设计和市场推广中更精准地满足消费者的需求。

（5）偏好。消费者的偏好直接决定了他们选择参与的体育运动项目。当消费者对某项运动项目越感兴趣并且越认同其竞技水平和欣赏价值时，他们参与该运动的可能性就越大。因此，体育运动的普及和竞技水平的提升可以有效推广和增加该项目的参与者数量。

（6）余暇。相较于过去固定的参与时间，现在的体育活动更加灵活和随意，符合个体的日常时间安排。男性通常比女性在体育活动上投入更多的时间，而老年人和失业群体由于有更多的闲暇时间，所以也更倾向于参与体育活动。随着体育活动项目的增加和多样化，人们的选择空间变得更广泛，这不仅对体育产品的供给提出了更高的要求，也对体育服务的质量和多样性提出了新的挑战。特别是近年来，一些极限和惊险的体育活动逐渐成为年轻人的时尚消费项目，而这种消费趋势很可能会在中老年人群体中得到复制和模仿。这种转变不仅影响了体育消费市场的结构，还推动了相关体育产品和服务的创新和发展，以满足不同年龄和兴趣群体的需求。

二、体育产业的投资需求

体育投资作为一种经济活动，是指投资者将资金、资源或时间等投入到体育领域，以期望获取未来经济效益和其他社会效益的行为。这种投资不仅关乎个人的健康和娱乐需求满足，更涉及企业经济基础的建设和国家全民健身水平的提升。

第一，体育投资通过对资金、人力、信息和体育设施等资源的投入，可以有效满足人民群众日益增长的健身和体育娱乐的需求。个体通过参与各类体育活动，如健身锻炼和比赛竞技，不仅提升了身体素质和免疫力，也增强了生活质量和社会参与感。从企业角度看，体育投资可以创造大量的经济效益，促进产业链的发展，为企业的可持续发展提供坚实基础。同时，在国家推动全民健身战略下，通过体育投资来提高全民的运动技能和竞技水平，能使整个社会更加健康和活跃。

第二，体育投资不仅限于个人和企业层面，还包括政府部门和事业单位等公共机构的投入。这些投资主体通过建设公共体育设施、推动体育教育和培训，以及举办体育赛事等方式，大力促进了体育事业的发展和普及。政府在体育投资方面的介入，不仅为社会提供了公共服务，也推动了体育产业的繁荣和经济的增长。

第三，投资者参与体育投资的方式多种多样。直接投资是指投资者直接拥有并管理投资形成的资产，如企业投资建设运动场馆和体育设施；间接投资则是指投资者通过购买股票、基金或其他金融工具来参与体育产业的发展，虽然不直接管理资产，但同样能从中获得经济收益。

（一）体育产业投资需求的主体

各行各业根据自身需求和战略计划开展投资项目，体育产业投资的回报率越来越可观，吸引了越来越多的投资主体纷纷加入。由于每个国家的国情和发展水平各不相同，投资主体（政府、企业和个人）的投资比重也有所不同。

1. 政府投资需求

（1）政府在体育领域进行投资，通常注重经济效益和社会效益的双重考量，尤其是偏向社会效益的倾向更为显著。这种投资主要通过财政拨款和体育彩票等资金来源实现。

（2）政府在体育领域进行投资，不仅能够扩大内需市场，促进体育产业链的全面发展，还能加速产业结构的优化和升级。

（3）政府在不同时期的投资目标多样，会根据社会需求和政策导向进行调整，以促进全民健身、提升国民体质等社会效益最大化为主要目标。

2. 企业投资需求

体育产业对企业的投资需求，既涉及商业利益又融入了市场营销的策略。企业投资体育领域，通常以获取最大化的利润为目标。例如，通过体育赞助等形式，企业能够与体育相关部门合作，达到互惠互利的效果。这种合作不仅能帮助企业扩大品牌知名度和树立企业形象，还能使其在市场中脱颖而出，增强商品的竞争力和差异化。企业通过体育赞助可以实现多方面的好处，包括与目标顾客进行有针对性的沟通，凸显赞助者的市场地位和影响力，以及展示企业的产品或先进技术。这种投资不仅在商业上有利，还具备长期和节省成本的优势。通过与体育赛事或运动员的合作，企业可以利用体育赛事的广泛传播和媒体曝光来达到品牌宣传的效果，实现广告宣传的多方面触及。此外，体育赞助还能够激励企业内部的员工，增强团队凝聚力，促进企业文化建设，进一步提升企业的整体竞争力。

3. 居民投资需求

居民个人作为投资主体所产生的体育投资需求存在两种情况：一是真正意义上的体育投资；二是非真正经济意义上的体育投资（实际上指的是体育消费，与投资有着本质区别），它只是居民个人购买体育产品和服务时发生的支付行为，以及居民个人消费这些体育产品和服务而导致人力资本增值的代名词。以居民个人作为投资主体的体育产业的投资需求包括以下两个方面：

（1）从收益出发。在真正意义上的体育投资中，个人投资者考虑的主要是投资活动带来的经济回报。他们愿意投资于体育事业，这种投资的动机可以称为主动需求，与投资收益率密切相关。虽然具体的收益率难以精确计算，但参与体育运动或观看比赛的身心受益是显而易见的。

（2）从购买力出发。非真正经济意义上的体育投资，实际上是个人消费体育产品和服务的支付行为，以及通过这些消费增值的人力资本。这种投资需求受到个人购买力的影响，可以称为被动需求。

（二）体育产业投资需求的因素

为了确保体育产业的良性运行进而提高体育产业投资效益，需要清楚了解影响体育产业投资需求因素和各因素发挥作用的条件。影响体育投资需求的因素主要有如下三方面：

1. 国民收入水平

国民收入水平作为影响体育产业投资需求的重要因素之一，直接决定了投资来源和投资规模的大小。国民收入的增加意味着更多的储蓄和投资能力，这为体育产业的发展提供了坚实的资金基础。高国民收入水平不仅能够增加体育产业的融资途径，如银行贷款等，还能够刺激消费水平的提升，进而促进体育消费品和服务的需求，形成良性的市场循环。

2. 资本的预期收益率

资本的预期收益率直接影响投资者对体育产业投资的积极性和决策。预期收益率决定了投资的吸引力，投资者会比较不同投资项目的收益潜力，选择回报率高且风险可控的投资。在体育产业中，高水平的预期收益率能够吸引更多资本的流入，推动产业的快速发展和扩展。

3. 资本利息率

资本利息率作为影响投资成本和投资决策的因素，对体育产业投资也有着直接的影响。利息率的高低直接决定了借贷成本的大小，高利息率会增加企业的融资成本，从而抑制投资需求；而低利息率则有利于降低企业的融资成本，促进投资的增长和扩展。在当前的经济环境下，利息率的变动对体育产业的资本运作和投资策略具有重要的引导作用。

三、体育产业的市场供求

（一）供给弹性

体育产品或服务的供给价格弹性主要决定因素如下：

1. 时间的长短

在长期内，体育产品或服务的供给量相对更为灵活。生产企业可以通过改变生产设备、调整劳动力配置等方式，相对容易地调整产品或服务的供给量。特别是对于劳动密集型的体育产品或服务，其生产过程较为简单，生产规模的扩大或缩减主要依赖于普通劳动力的调配，因此供给量的变动比较容易实现。相比之下，短期内体育产品或服务的供给弹性会受到更多限制。资金密集型体育产品或服务的生产企业，如提供复杂设施或依赖高技术水平的服务，其供给量的调整受到设施建设和技术设备更新等因素的制约，导致供给量的变动相对困难。例如，保龄球馆作为提供设施和服务的资金密集型体育服务场所，其供给量的增加不仅需要投入资金建设球道和配套设施，还需要适应市场需求和经营环境的调整。

2. 进入和退出的难易程度

如果市场的进入和退出门槛较低，即新企业可以较容易地进入市场并且旧企业可以轻松地退出市场，那么整体供给量将更为灵活，供给弹性也就更高。反之，如果市场存在较高的进入壁垒或退出成本，如需要大量资本投入或面临政策法规的限制，那么企业调整供给量将受到更多制约，供给弹性则相对较低。

（二）需求弹性

体育产业的需求弹性可以清晰反映出体育产业需求与自变量之间的关系。以下三种是最常见的体育产业需求弹性：

1. 价格弹性

体育产业体育产品或服务需求的价格弹性，是用来衡量一种体育产品或服务的需求量对于该种体育产品或服务的价格变化的反应程度的尺度。体育产品或服务需求价格弹性有以下 3 种决定因素：

（1）时间的长短。按照不同的时间段对体育消费需求进行考察，随着时间的推移消费需求弹性逐渐增大，这是因为时间越长，消费者就越善于调整自己的消费习惯。

（2）体育产品和服务对消费者的重要性。体育产品和服务不同于生活必需品，但随着生活水平的提高，余暇时间的增多，交通等设施的便利，以及全民健身计划的推广，体育渐渐有了生活化的趋势，人们在体育产品和服务方面的支出有逐渐加大的趋势，体育成了现代人生活中不可缺少的一部分。但不同的体育产品和服务对于消费者而言仍然会有"必需品"和"奢侈品"之分。其中，"必需品"是指那些能满足人们基本健身、娱乐休闲需求的体育产品和服务，这些"必需品"有相当一部分属于公共产品或半公共产品，免费向广大居民开放或象征性地收取一定的费用，如许多高校的体育设施免费向广大师生开放，还有一些小区的体育健身设施向广大居民开放，公园里的公共体育设施的使用等都属于这种类型。与此相反，"奢侈品"的价格弹性则较大。不过，体育产品或服务的"必需品"和"奢侈品"的区分具有历史性、地域性，故同样的体育产品或服务在不同国家或不同时期的需求价格弹性往往也是不一样的。

（3）体育产品和服务的可替代程度。如果某种商品的可替代品丰富多样，就意味着商品的替代性极强。这个规律对于体育产品或服务同样适用。一种体育产品或服务的替代品越多，那么也意味着它们被替代的程度越大，所以消费者的需求也会增加。当体育产品或服务处于这种状况时，体育产品或服务的价格上涨，会引起消费者转而购买其他替代品；反之，体育产品或服务价格下降，则会导致原来购买该体育产品或服务替代品的很多消费者转而购买这种体育产品或服务。如果一种体育产品或服务没有替代品，那么消费者可能不管其价格如何都会购买，故其需求价格弹性就会较小。

2. 交叉价格弹性

体育产品或服务需求的交叉价格弹性是评估其与其他相关商品价格变动之间关系的重要指标。根据替代品和互补品的定义，替代品是指在某种情况下可以相互替代使用的商品，其价格变动对体育产品或服务需求量会产生正向影响，因为消费者倾向于选择价格更低的替代品。而互补品是指一种商品的使用增加会导致另一种商品需求的增加，其价格变动对体育产品或服务的需求量会产生负向影响，因为消费者可能减少对互补品的需求。如果两种商品几乎无关联，则它们的交叉价格弹性接近于零，即一个商品价格的变化不会显著影响另一个商品的需求量。

在实际市场运作中，了解和评估体育产品或服务与其他商品的交叉价格弹性对于制定定价策略和市场营销具有重要意义。当替代品价格上涨时，体育产品或服务可能会吸引更多的消费者；而当互补品价格下降时，可能会减少对体育产品或服务的需求。因此，企业在制定价格策略时，需综合考虑市场上相关商品的价格变动对体育产品或服务需求的潜在影响，以避免价格调整带来的市场反应。

3. 收入弹性

体育产品或服务的需求收入弹性是衡量消费者收入变动对其需求量影响程度的重要指标。这种收入弹性取决于多种因素，其中包括消费者对体育产品或服务的认知和偏好。

（1）对于满足基本体育健身、休闲娱乐需求的低档次体育产品或服务，其需求收入弹性较小。这类产品或服务通常被视为生活中必需或基本的消费项目，其购买决策更多受到日常生活水平和需求的影响，而不是收入的直接影响。即使消费者的收入发生一定变化，他们对这类体育产品或服务的消费量变动幅度也相对较小。

（2）对于奢侈品类的高档次体育产品或服务，其需求收入弹性较大。这类产品或服务往往价格较高，购买行为更多受到消费者收入水平的制约和影响。随着消费者收入的增加，他们可能更倾向于选择更昂贵、更高端的体育产品或服务，以满足其更高层次的健身需求或社交需求。

在现代社会中，随着经济水平和生活质量的提高，人们对高档次体育设施如高尔夫俱乐部的需求逐渐增加。同时，对名牌体育用品、运动装备的购买也成为一种消费趋势，这反映了消费者对品质和体验的追求。因此，这些高档次体育产品或服务的需求量对消费者收入的变动表现出较大的敏感性和弹性。

四、体育产业的资源配置与开发

（一）体育产业的资源配置

1. 以市场需求为中心的配置方式

以市场需求为中心的资源配置是有效管理体育市场的重要策略。在这种模式下，投资者和企业根据消费者需求的变化调整其资源配置，以确保资源的最优利用和市场竞争的健康发展。

体育投资产业的核心目标是追求经济效益，因此在市场竞争中，企业倾向于将资源投向能够获取最大利润的领域。然而，这种盲目追求利润最大化的行为可能会导致资源配置不合理，甚至出现资源匮乏或恶化的情况，这种情况在竞争激烈的市场环境下特别明显，企业为了占据市场份额，可能忽视了对体育资源最有效利用的考量。为了避免这种问题的发生，应当在市场需求的引导下进行资源的合理配置。这意味着企业和投资者应时刻关注消费者的需求变化，灵活调整产品和服务的供给，以提高资源的使用效率。通过市场需求为导向的配置方式，可以确保体育产业在满足消费者需求的同时，实现资源的合理配置和最大化利用。

在体育产业链中，特别是对于具有社会主义公益性质的体育赛事或项目中，更应该重视资源的公平配置和社会效益。这些项目的成功与否不仅取决于经济效益，还包括对社会全面发展的贡献。因此，政府和相关机构在制定政策时，应考虑如何通过市场机制来平衡经济利益和公益性需求，避免市场竞争带来的不良后果。

2. 以政府目标为中心的配置方式

体育产业作为一个庞大而复杂的系统，其发展受多种因素的影响，政府作为重要的管理者和调节者，在配置体育产业资源方面扮演着关键角色。政府部门通过出台相关政策和措施，旨在调节市场需求、促进市场竞争，以实现资源的合理配置和产业的健康发展。然而，政府主导的资源配置方式也面临一些挑战和限制，特别是在市场实际情况和地方资源特性未被充分考虑的情况下。

政府部门在制定体育产业发展政策时，往往以国家或地方的发展战略和政策目标为中心。这些政策可能涵盖从基础设施建设到体育活动推广的各个方面，旨在促进国民健康、提升国家形象、创造就业机会等多重目标。政府借助行政手段和财政支持，为体育产业的发展提供必要的资源和保障，如通过资金投入、税收政策、扶持政策等措施来引导和支持企业和机构参与体育产业的投资和经营。然而，单纯依靠政府主导的完全计划配置方式存在一定的局限性。首先，政府在政策制定过程中可能存在信息不对称或不完全的问题，导致决策结果与市场需求和实际情况不完全契合。其次，体育产业作为市场经济中的一部分，其发展受到市场供需关系、消费者偏好、技术创新等多种因素的影响，仅仅依靠政府的指导和行政手段难以全面把握市场动态和企业创新的需求。

因此，为了更有效地实现体育产业资源的合理配置，政府部门应当在制定政策时，应充分考虑市场规律和企业创新的需求。可以通过加强市场调研、听取企业和社会各界的意见建议、建立健全的政策执行机制等方式，提高政策的针对性和灵活性。此外，政府还应鼓励体育产业参与者的自主创新和市场竞争，通过公平竞争的环境和法律法规的支持，促进体育产业的健康发展和资源的有效利用。

（二）体育产业的资源开发

体育产业资源的有效开发，可以最大化地利用体育领域的各种潜在资源，实现经济效益和社会效益的双赢。在进行资源开发时，主要涉及发现新资源和深度发挥原有资源效率两个方面，这两种方式共同致力于通过合理利用资源来推动体育产业的发展。

1. 以市场需求为基础展开资源开发

体育产业的发展需要与市场需求紧密对接，只有充分理解和把握市场需求，才能有效地进行资源转化和开发。这意味着开发者需要根据市场的实际需求，调整和优化现有资源的配置，同时不断引入新的资源以适应市场的变化。在这个过程中，市场需求的分析和预测是资源开发的重要依据，能够帮助开发者抓住机遇，避免资源浪费和低效配置。

2. 以实现可持续发展为目标

可持续发展不仅考虑当前资源的有效利用，还需兼顾未来世代的需求。在体育资源开发过程中，需要在保证经济效益的同时，注重资源的长期利用和环境的可持续性。这要求开发者在规划和执行过程中，考虑资源的可再生性和节约性，避免过度开发和资源枯竭的风险。

3. 结合发展目标统一进行规划

体育产业的发展必须有系统的规划和整体的考量，不能片面追求单一效益，而应根据体育产业的特点和发展阶段，科学地制定资源开发的战略和目标。这需要考虑到体育资源的特性、功能和应用领域，合理分配资源，重点支持和发展具有战略意义的项目和产业链条。通过统一规划，可以实现资源的集中优势发挥，确保体育产业在经济效益和社会效益上都能够持续增长。

第三节　体育产业经营管理及发展战略

在经济全球化浪潮中，体育产业经营者和管理者要引导体育产业发展，就必须要综合处理大量信息，结合复杂的市场环境和企业的实际情况，确立市场定位和发展目标，实施科学的、恰当的管理手段。为此，体育经营者和管理者要对体育产业经营管理的概念和层级有全面的认知与了解。

一、体育产业经营管理的相关概念

要对体育产业经营管理的概念进行界定，首先要了解体育产业经营的概念和内涵，其次要明确体育管理的基本含义，最后在这两者的基础上明确体育产业经营管理的概念。

（一）体育产业经营

体育产业经营旨在通过有效管理和利用各种资源，实现经营目标和市场效益的最大化。经营单位在进行体育产业经营时，需要充分利用其拥有的人力资源、物力资源和财力资源。人力资源涵盖了管理团队、员工及其专业技能，是推动体育产业经营和发展的重要支撑。物力资源包括场馆设施、训练器材等实物资产，它们直接影响着体育服务和产品的提供效率。财力资源则是资金投入，用于支持体育项目的运营、市场推广和设施维护等方面，是经营持续性和扩展性的重要保障。

（二）体育管理

体育管理作为体育领域中的重要活动，旨在通过现代管理理论和方法，有效地规划、组织、领导和控制体育组织的资源，以实现既定的经营目标和行政目标。在广义上，体育管理涵盖了体育经营管理和体育行政管理两大领域，而在狭义上，专指体育经营管理。

在体育经营管理方面，体育管理者需要有效地利用和整合各类资源，包括人力资源、物资设备、财务资金等，以推动体育产业的发展和经营活动的顺利进行。通过科学的市场分析和需求预测，体育经营管理者可以制定有效的营销策略和产品推广方案，以提高市场竞争力和满足消费者需求。

在体育行政管理方面，体育管理者主要负责管理和监督体育组织的日常运作和行政事务。这包括制定和执行体育政策、管理体育资源的配置和利用、协调各级体育组织之间的关系等工作。体育行政管理的目标是确保体育活动的顺利进行，保障运动员、教练员和相关工作人员的权益，促进体育事业的健康发展。

无论是广义还是狭义的体育管理，其核心都是通过科学管理手段和策略，实现体育资源的最大化利用和效率提升。在全球化和市场化的背景下，体育管理不仅需要关注经济效益的实现，还要注重社会效益和公共利益的平衡，为广大体育爱好者提供优质的体育产品和服务，推动体育事业的全面发展。

（三）体育产业经营管理

体育产业经营管理是指体育产业部门为了实现最优化运营和经济效益最大化而采用的管理活动。在现代市场经济条件下，体育产业经营管理单位依据现代管理原理、方法和手段，对体育产业的各类资源进行科学的计划、组织、领导和控制。

有效的体育产业经营管理需要从多个方面进行考虑和实施。首先，管理者需要准确分析市场需求和趋势，以便制定适应市场变化的战略和策略。其次，合理配置和利用体育产业的人力、物力和财力资源，确保资源的最大化利用效益。同时，体育产业经营管理还要注重创新，不断推出符合市场需求的体育产品和服务，提升竞争力和市场占有率。

在管理实施过程中，科学的管理方法和手段如市场营销、财务管理、人力资源管理等是实现经营目标的关键。通过这些手段，体育产业经营管理能够有效应对市场竞争的挑战，提升经营效率和管理水平，为体育产业的持续发展奠定坚实的基础。

二、体育产业经营管理的层级结构

体育产业经营管理的层级结构是体育产业发展和运行的重要组成部分，由政府管理、行业协会组织管理和体育企业自我管理三个层级构成，各层级之间相互作用、协调，共同推动体育产业的良性发展。

（一）政府管理

政府管理作为体育产业管理的最高层级，承担着法律法规制定和执行、政策引导和宏观调控的重要职责。政府管理通过制定体育产业发展规划、提供财政支持、引导市场竞争等手段，促进体育资源的合理配置和产业结构的优化。政府在此过程中，不仅关注整个体育产业的健康发展，还致力于推动公共利益和国家形象的提升。

（二）行业协会组织管理

行业协会组织管理作为中间层级，具有自律性和专业性的特点。这些协会组织代表着体育产业内部各个领域的共同利益，通过制定行业标准、推广最佳实践、组织培训和会议等方式，促进行业内部信息共享和经验交流，同时扮演着政府管理与体育企业自我管理之间的桥梁作用。行业协会的存在和活动，有效地增强了体育产业的整体凝聚力和市场竞争力，促进了行业内部的自律和规范化发展。

（三）体育企业自我管理

体育企业自我管理是管理体育企业内部日常经营的基础。在遵守国家法律法规和行业准则的前提下，体育企业自主进行战略规划、市场营销、人力资源管理等方面的管理活动。企业的自我管理水平直接影响着其竞争力和市场表现，通过高效的内部管理，企业能够更好地适应市场变化、提高产品和服务的质量，从而实现经营效益的最大化。

三、体育产业经营管理的主体分析

（一）体育产业经营管理主体的类别

体育产业经营管理主体根据其不同特征和属性可以被划分为多种类型。按照经营管理层级的不同分类标准，体育产业经营管理主体主要包括以下类型：

1. 隶属于政府体育行政部门的主体

这类主体主要包括由政府直接管理或监管的体育设施和体育彩票管理中心等。它们的运营和管理受到政府法规和政策的严格约束，旨在保障公共利益和社会福祉。

2. 具有社会体育组织性质的主体

这些主体包括各类体育协会和组织，如国际奥委会、国内各单项体育协会等。它们的主要职责是组织和管理体育赛事活动，促进体育运动的普及和发展，扮演着推动体育事业发展的重要角色。

3. 具有体育企业性质的主体

这些主体通常是以营利为目的，包括职业体育俱乐部、体育健身俱乐部等经济实体。它们运用商业模式和市场机制，开展各类体育产品和服务的生产、销售和管理，旨在通过体育活动获取经济利益和市场份额。

4. 具有体育中介性质的主体

这类主体主要从事体育产业的中介活动，如体育经纪人组织、体育广告公司等。它们在体育市场中充当桥梁和纽带的角色，通过提供中介服务，促进体育资源的有效配置和流通，支持各类体育经济活动的开展。

（二）体育产业经营管理主体的特征

体育产业经营管理主体具有多种类型和鲜明的特征，这些特征不仅影响着其内部运作的方式和策略选择，也深刻影响着整个体育产业的发展和运行态势。以下对体育产业经营管理主体的特征进行详细分析：

1. 具有行为能力

具有行为能力是体育产业经营管理主体的基本特征。作为经济组织，无论是法人组织还是个体经营者，体育产业的经营主体拥有自主决策和自由支配经营资源的权利。这种行为能力使得体育经营主体能够根据市场需求和自身战略进行灵活调整和决策，以追求经济效益的最大化。

2. 具有双重身份

具有双重身份意味着它们不仅是体育生产要素的需求者，如需要购买生产资料、劳动力和技术来开展体育产品的生产，同时也是体育商品和服务的供应者，通过销售体育产品获取收益。这种双重身份使得体育经营主体在市场中扮演着重要的角色，既参与市场竞争，又满足消费者对体育产品和服务的需求。

3. 追求利润最大化

在市场经济条件下，经营主体通过有效的资源配置、产品差异化和市场定位，致力于提高销售收入和降低经营成本，从而实现利润的最大化。然而，实现利润最大化不仅受到经营者的内在驱动力影响，还受市场竞争、消费者需求和外部环境变化等因素的制约，因此需要灵活的市场策略和运营管理。

4. 能有效配置体育资源

有效的资源配置包括人力资源、物力资源和财力资源的合理分配和利用，以及对市场信息和竞争环境的灵活应对。通过分工协作、技术创新和管理优化，体育经营主体能够提高生产效率和市场竞争力，实现资源的最优利用和管理效益的最大化。

四、体育产业经营管理的根本目标

（一）体育产业经营管理目标的作用体现

体育产业经营管理目标的作用主要体现在以下几个方面：

1. 这些目标为体育产业的经营管理主体提供了一个明确的方向，指导它们如何合理地分配和利用体育资源

这些资源包括但不限于物力、人力和财力等。有了明确的目标，各个经营管理主体能够协调一致，共同努力，从而实现资源的最优配置，避免浪费。

2. 体育产业经营管理目标对于激发员工的积极性和创造性具有不可替代的作用

员工在明确的目标指引下，能够更加明确自己的工作方向和价值，从而更加积极地投入到工作中去。这种积极性和创造性的发挥，不仅能够提高工作效率，还能够推动体育产业的创新和发展。

3. 体育产业经营管理目标还能够帮助经营管理主体建立和维护良好的声誉

在目标的引导下，经营管理主体会更加注重为公众提供高质量的服务和设施，从而满足公众的需求，赢得公众的信任和好评。良好的声誉，对于体育产业的长期发展和品牌的建立至关重要。

4. 体育产业经营管理目标是衡量经营管理成效的重要工具

由于这些目标通常是具体的，并且可以通过数字和数量等具体指标来衡量，因此它们可以用来检验经营管理的结果，评估员工的贡献和努力。这种衡量不仅有助于经营管理主体了解当前的工作状况，还能够为未来的决策提供重要的参考。

（二）体育产业经营管理目标的多元分析

体育产业经营管理目标具有多元化的特征，下面主要从贡献的目标、市场的目标、发展的目标和利益的目标四个方面，对体育产业经营管理目标进行多元分析。

1. 贡献的目标

贡献的目标强调体育产业经营管理需要服务于社会的整体生产目的，促进社

会生产力的提升和丰富人们的物质文化生活。体育产业的经营管理主体应当以提升"奥运精神"和推广全民健身为发展战略，以为社会创造价值为核心目的。通过这一目标，体育产业能够提升社会整体效益，并带动企业经济效益的增长。体育产业在这一过程中，不仅是经济活动的主体，也是社会文化生活的重要组成部分。通过组织大型体育赛事、推动体育基础设施建设，体育产业为社会提供了丰富的体育文化产品和服务，进而提升了社会的整体文化水平和幸福感。

2. 市场的目标

市场的目标着眼于开拓新的市场，提高市场占有率。对于体育产业经营管理单位而言，市场开拓和市场占有率的提升是其生存和发展的基本前提。市场的目标不仅要求扩大市场范围和增加销售额，还要求完善企业形象，提高市场信誉，创造市场需求。具体来说，市场的目标要求体育产业经营管理单位能够敏锐地捕捉体育消费者的消费需求，提供符合市场需求的产品和服务，从而在市场上树立良好的品牌形象和信誉。通过市场的目标，体育产业经营管理单位不仅能够实现销售的增长，还能提高企业的市场竞争力，形成稳定的市场份额。

3. 发展的目标

发展的目标要求体育产业经营管理活动随着社会进步和科技发展不断进步，实现良性循环。在现代社会，科技的迅猛发展和社会的不断变革为体育产业提供了新的发展机遇。体育产业经营管理单位需要不断创新，扩大生产规模，提高经济效益，才能适应新时代的发展要求。根据发展的目标，体育产业经营管理单位要不断提高自身的技术水平和管理能力，推动企业内部的创新机制，从而实现企业的可持续发展。通过持续的发展，体育产业不仅能够提高自身的经济效益，还能为社会创造更多的就业机会，促进社会的经济发展和稳定。

4. 利益的目标

利益的目标是体育产业经营管理活动的重要驱动力，致力于获取最大利润。利益的目标不仅是衡量体育产业经营管理效果的重要尺度，也是推动体育产业发展的内在动力。为了实现这一目标，体育产业经营管理单位需要达到最低限度的利润，确保企业的生存和发展，同时为员工提供基本的奖金和福利。此外，还需要实现高于社会平均利润率的满意利润，以保证企业的快速发展，并为员工提供优厚的奖金和福利。通过实现利益的目标，体育产业经营管理单位不仅能够增强自身的经济实力，还能提高员工的积极性和创造力，从而推动企业的长远发展。

五、体育产业经营管理的环境分析

（一）体育产业经营管理的宏观环境

1. 体育产业经营管理的宏观环境内容

（1）经济环境。经济环境是体育产业经营管理宏观环境中最基本且影响最为直接的因素。这里的经济环境主要指体育产业经营管理主体在从事相关活动时所面临的各种客观经济因素，如经济条件、经济特征、经济联系等。

在体育产业经营管理的经济环境中，国际体育市场的发展是不容忽视的重要内容。自我国加入世界贸易组织以来，经济发展迎来了许多新的机遇，但也不可避免地要面对各种挑战。体育产业作为我国经济发展的主要组成部分，也必然要面对国际体育市场发展带来的巨大挑战。首先，我国的体育企业起步较晚，发展时间较短，在国际体育市场上的竞争力相对较弱，只有少部分体育企业能够真正进入国际体育市场并获得较好的发展。其次，国际体育市场上的外国体育企业大量涌入我国市场，抢占了我国体育市场份额，使得本土体育企业所占的市场份额不断缩小，严重影响了我国体育企业的生存和发展。

为了更好地应对这些挑战，我国本土体育企业必须要对国际体育市场的特点、发展现状和发展规律有深入的了解，并对自身发展的优缺点有清醒的认知，从而找到科学、合理的应对挑战的方法和途径，以在国际体育市场中获得较好的发展。首先，深入了解国际体育市场的特点，有助于我国体育企业更好地适应国际市场环境，找到适合自身发展的定位。其次，准确把握国际体育市场的发展现状，可以使我国体育企业及时调整战略，抓住机遇，规避风险。最后，了解国际体育市场的发展规律，有助于我国体育企业在市场竞争中占据有利位置，推动自身的持续发展。

为了在国际体育市场中获得更好的发展，我国体育企业需要在以下几个方面作出努力：①加强技术创新，提高产品和服务的质量，以增强国际市场竞争力；②积极开拓国际市场，扩大市场份额，增强品牌影响力；③注重培养国际化人才，提高企业的国际化经营管理能力；④加强与国际体育企业的合作与交流，学习借鉴国际先进经验，提升自身的管理水平和经营能力。

（2）政治环境。体育产业经营管理的政治环境主要指的是一个国家或地区的政治制度、体制和政策等内容。政治环境对体育产业经营管理活动的影响主要体现在两个方面：一方面，政治环境会影响体育产业经营管理单位的内部管理政策；另一方面，政治环境会影响体育产业经营管理单位的经营管理行为和投资行为。

随着体育产业的不断改革和发展，我国政府越来越重视体育产业的发展，出台了一系列能够促进体育产业经营管理单位发展的优惠政策。这些政策不仅为体育产业提供了良好的发展环境，还在一定程度上激发了市场主体的活力。我国体育产业经营管理单位所处的是社会主义市场经济环境，在这样的环境下，体育产业经营管理单位的经营管理活动既要遵循市场规律，也要接受政府的宏观调控和市场监督。

在社会主义市场经济环境下，体育产业的健康发展离不开政府的宏观调控和政策支持。政府通过制定和实施相关政策，引导体育产业朝着健康、有序的方向发展。例如，通过税收优惠、财政补贴等措施，鼓励体育企业进行技术创新和市场开拓，从而提升体育产业的整体竞争力。此外，政府还通过加强市场监管，维护公平竞争的市场环境，保护消费者权益，确保体育产业的可持续发展。

当今社会，体育产业在国民经济中所占比重越来越大，政府的角色变得尤为重要。一方面，政府需要发挥宏观调控作用，对体育产业经营管理活动进行引导，使体育产业朝着正确的方向发展。政府可以通过制定长远发展规划，明确体育产业的发展目标和方向，并通过政策手段推动这些目标的实现。另一方面，政府还需要在体育产业中建立主导性的体育产业经营管理单位，以此带动整个体育产业的高速发展。这些主导性单位不仅在市场中起到引领作用，还可以通过示范效应，带动其他体育企业的发展，形成良性循环。

政治环境对体育产业的影响还体现在国际合作和交流方面。随着全球化进程的加快，体育产业的国际合作和交流变得越来越频繁。政府通过制定相关政策，积极推动体育产业的国际化发展，促进国内体育企业与国际同行的合作与交流，从而提升我国体育产业的国际竞争力。政府还可以通过参与和举办国际体育赛事，来提升国家的形象和影响力，进一步推动体育产业的发展。

（3）科技环境。科技环境指的是现代科学技术日新月异、发展迅速的外在环境。根据体育消费者求新、求奇、求特、求刺激的消费心理，体育产业经营管理需要具备一定的创新精神，以现代科学技术为依托，研究和开发新技术、新工艺、新产品和新项目，在激烈的市场竞争中保持优势。

科学技术是生产力中最为活跃的因素，也是最为强大的因素，能够为人类社会进步和经济发展提供动力和支撑。尤其是在现代科学技术不断发展、不断创新的当今社会，经济增长更是离不开技术进步。对于体育产业经营管理单位而言，现代科学技术的飞速发展既带来了机遇，也带来了挑战。因此，体育产业经营管理单位要积极抓住机遇，敢于应对挑战，经常了解科学技术发展的最新动态和未来方向。根据科技环境的变化，及时调整经营管理的方向，克服本单位在经营管理方面存在的弊端，充分发挥本单位的经营管理优势，从而在经营管理活动中发现和利用机会，提高应变能力，实现良性健康发展。

在科技环境的影响下，体育产业需要不断提升自身的技术水平和创新能力。第一，体育产业经营管理单位应当加强科研投入，推进技术研发，开发出更符合市场需求的新产品和新服务。这不仅能够满足消费者的个性化需求，还能提升企业的市场竞争力。第二，利用现代信息技术，如大数据、人工智能等，对市场进行精准分析，了解消费者的偏好和需求变化，从而制定出更加科学的营销策略。通过科技手段的应用，体育产业可以实现更高效的资源配置和管理，降低运营成本，提高生产效率，增强企业的盈利能力。第三，体育产业还需重视新兴技术的应用。例如，虚拟现实（VR）、增强现实（AR）等技术在体育赛事和训练中的应用，可以为观众和运动员带来全新的体验，提升用户的参与感和满意度。第四，物联网技术的广泛应用，可以实现对体育设施和设备的智能化管理，提升服务水平和运营效率。在科技环境的驱动下，体育产业应积极探索和尝试各种新技术，以不断提升自身的创新能力和市场竞争力。

（4）文化环境。文化环境指的是一个国家或地区的价值观、民族特征、文化传统、宗教信仰、教育水平、风俗习惯、社会结构等内容。在体育产业经营管理中，文化环境会对体育企业生产产品和提供服务产生影响，并通过连锁反应对整个体育产业经营管理活动产生相应的影响。

我国的体育既是一项事业，也是一项产业，其最高价值目标是提高国民身心素质，增加国民福利，满足国民身心需求。为此，我国大力推行全民健身，在全国范围内宣传全民健身文化，营造全民健身氛围。在这一文化环境的影响下，我国的体育产业经营管理单位积极开拓体育产业新的市场，刺激人们进行体育消费，推动我国体育产业朝着又快又好的方向发展。

文化环境对体育产业的影响是多方面的：①不同地区的文化背景和风俗习惯会影响消费者的体育消费习惯和偏好。因此，体育产业经营管理单位需要充分了解和尊重当地的文化特征，提供符合当地文化需求的体育产品和服务。②教育水平的提高和社会结构的变化也会影响人们对体育的认知和参与度。随着人们健康意识的增强和生活水平的提高，越来越多的人开始重视体育锻炼，参与体育活动，这为体育产业的发展提供了广阔的市场空间。③文化环境还对体育产业的品牌建设和市场推广产生重要影响。体育企业在进行品牌建设时，需要融入当地的文化元素，增强品牌的认同感和亲和力。在市场推广方面，体育企业可以通过举办各种体育赛事和活动，推广全民健身理念，提升品牌的知名度和影响力。

2. 体育产业经营管理宏观环境的特征

（1）复杂性。体育产业经营管理单位在这一系统中进行经营管理活动，必然受到多种因素的影响，呈现出复杂性的特征。这种复杂性源于宏观环境中各种因素的相互交织和影响，如政治、经济、科技、文化等各方面因素的变化，以及这些变化对体育产业的直接影响和间接影响。体育产业经营管理单位在面对如此复杂的宏观环境时，需要具备较强的分析能力和应变能力，才能在复杂的环境中找到适合自身发展的路径，确保经营管理活动的顺利进行和持续发展。

（2）辩证性。体育产业经营管理宏观环境的辩证性指的是宏观环境对体育产业经营管理单位的发展既有制约作用，也有促进作用。宏观环境中的某些因素可能对体育产业的发展构成挑战和障碍，但也可能蕴含着机遇和潜力。因此，体育产业经营管理单位需要在辩证的视角下分析和把握宏观环境的变化。一方面，体育产业经营管理单位要善于抓住机遇，积极排除不利因素，规避潜在风险；另一方面，也要充分利用宏观环境中的有利条件，将其转化为促进自身发展的动力。宏观环境中的必要条件和充分条件是辩证统一的。必要条件是指维持体育产业经营管理单位生存的最基本条件，如稳定的市场需求、基本的经济条件等。充分条件则是指与体育产业经营管理单位兴衰密切相关的机会因素，如政策扶持、新兴市场等。体育产业经营管理单位需要在遵循必要条件的基础上，灵活运用充分条件，实现可持续发展。

（3）变动性。体育产业经营管理的宏观环境是动态发展的，具有显著的变动性特征。这种变动性主要体现在宏观环境中的各种因素会随着时间、地点、社会经济发展等因素的变化而不断变化。影响体育产业经营管理宏观环境变动的因素有很多，其中一些因素是可控的，如管理策略、市场营销等，而大多数因素都是不可控的，如政策变化、经济波动等。体育产业经营管理单位在面对变动性时，需要具备高度的敏感性和适应能力，及时调整自身的经营策略，以应对宏观环境的变化。需要注意的是，可控因素和不可控因素是相对的、动态的。在大型体育产业经营管理单位中，一些因素可能是可控的，而在小型单位中则可能是不可控的。同样地，当前的可控因素在未来也可能变得不可控。因此，体育产业经营管理单位需要在动态的宏观环境中保持灵活性和前瞻性，做好风险预警和管理，确保在变动的环境中保持竞争优势和稳定发展。

3. 宏观环境对体育产业经营管理的影响

宏观环境对体育产业经营管理的影响主要包括有利影响和不利影响两个方面，下面对其进行具体分析：

（1）有利影响。宏观环境对体育产业经营管理的有利影响主要体现在，其能够使体育产业经营管理单位的优势得到更大发挥，劣势得到弥补。具体来说，有利的宏观环境能够推动体育产业经营管理单位的经营管理活动实现良性循环，促进体育产业经营管理目标的实现，从而使体育产业经营管理单位获得更好更快的发展。在一个稳定且积极的宏观环境中，体育产业经营管理单位可以借助有利的政策、技术进步和文化氛围等因素，提升自身的市场竞争力和创新能力，从而在市场中占据更有利的位置。为了充分利用宏观环境的有利影响，体育产业经营管理单位应当加强与政府、科研机构及其他相关单位的合作，及时获取和应用最新的科技成果和政策信息，优化自身的经营管理模式。

（2）不利影响。宏观环境对体育产业经营管理的不利影响主要体现在，其不能有效发挥体育产业经营单位的长处或不能克服体育产业经营单位的弱点。具体而言，不利的宏观环境会威胁体育产业经营管理单位的生存，阻碍体育产业经营管理单位的发展。在面临经济波动、政策调整或社会文化变化等不利因素时，体育产业经营管理单位可能会遭遇市场需求萎缩、资金短缺、技术落后等问题，导致其经营活动受到严重影响。为了应对宏观环境的不利影响，体育产业经营管理单位需要建立健全的风险管理机制，提升自身的抗风险能力。通过多元化经营、拓展新市场、优化内部管理等措施，减少外部不利因素对企业的冲击。同时，体育产业经营管理单位还应积极进行市场调研和预测，及时调整经营策略，以适应不断变化的宏观环境。

（二）体育产业经营管理的微观环境

从微观角度来看，影响体育产业经营管理活动的环境要素还有很多，如体育市场构成、体育市场供需、体育产业资源和体育产品消费者等，这些环境要素和宏观环境相比作用更为直接，也相对更好控制。

1. 体育市场构成

体育市场主要由体育消费者、体育产品、体育产品供应商和中介组成，下面进行具体分析。

（1）体育消费者。体育消费者是体育市场中的"买方"，是体育产业经营管理单位进行市场营销的目标。体育消费者指的是购买体育产品或服务的人。根据不同的分类标准，体育消费者可以分为不同的类型。例如，按照对应市场的不同，体育消费者可以分为观众、参与者、公司或商业组织（赞助商）三类。观众是指那些通过观看体育赛事或节目来满足娱乐需求的人群，参与者是指积极参与体育活动或运动项目的人群，公司或商业组织则是指那些通过赞助体育赛事或活动来提升品牌形象或进行市场推广的机构。每一类体育消费者都有其独特的需求和消费行为模式，因此，体育产业经营管理单位需要根据不同类型的体育消费者制定相应的营销策略，以满足其多样化的需求。

（2）体育产品。体育产品是指体育市场中能够满足体育消费者需求的产品或服务，具体来说，就是指体育产品供应商和中介提供给体育消费者的用于价值交换的物（或服务）。体育产品是一种特殊的存在，因为体育消费者更注重从体育产品中获得情感体验，而不单单是拥有这件产品。体育产品包含的范围很广，凡是能够给体育消费者带来一定好处的实物或服务，都可以算作体育产品。这些产品可以分为有形产品和无形服务。有形产品包括体育器材、运动服装、体育纪念品等；无形服务则包括赛事门票、健身课程、体育培训等。体育产品的多样性和特殊性要求体育产业经营管理单位在开发和推广体育产品时，必须考虑到体育消费者的情感体验和满意度，以提高产品的市场竞争力和吸引力。

（3）体育产品供应商和中介。体育产品供应商和中介都属于体育产品市场交易的"卖方"，和体育消费者一样，都是体育产业经营管理的主体，在体育市场中扮演着十分重要的角色。体育产品供应商是指那些生产或提供体育产品的企业或机构，他们是体育市场中体育产品的主要提供者。体育中介则是指那些在体育产品供应商与体育消费者之间起到桥梁作用的机构或个人，如体育经纪人、赛事组织者、体育营销公司等。他们负责将体育产品推向市场，并促成交易的达成。体育产品供应商和中介在体育市场中的地位和作用至关重要，他们不仅决定了体育产品的质量和供应，还影响了体育市场的整体运营和发展。体育产业经营管理单位需要与体育产品供应商和中介保持密切合作，共同促进体育产品的推广和销售，提升体育市场的活力和竞争力。

2. 体育市场供需

体育产业经营管理单位在开展经营活动之前，必须深入了解体育市场的发展现状和趋势，这是制定相关决策的基础。体育市场供需状况对于体育产业经营管理单位来说至关重要，它直接影响着单位的经济效益和经营管理水平的提升。

（1）体育市场供给。体育市场中对体育市场供给产生影响的因素有很多，比较有代表性的包括以下三方面：

1）生产者预期。体育市场供给受多种因素影响，其中生产者预期是一个关键因素。生产者对未来市场的预期会直接影响其生产决策，包括产品定价和生产量。如果生产者预期市场前景良好，他们可能会提高产品价格，增加生产量以满足预期的市场需求；相反，如果预期不佳，他们可能会降低价格，减少生产量以避免产品过剩。因此，体育产业经营管理单位需要对市场有清晰的认识和科学的预测，以提高生产者预期的准确性。

2）生产技术水平。技术进步可以降低生产成本，提高生产效率，从而扩大企业的盈利空间和增加产品的供给量。然而，技术升级往往需要较大的资金投入，这可能会导致产品价格的提升。体育消费者在享受技术进步带来的高质量产品的同时，也需接受因成本上升而带来的价格调整。

3）产品价格。产品价格与生产量之间存在正相关关系。当产品价格上升时，生产者可以获得更高的利润，从而增加生产量；反之，当价格下降时，生产者可能会减少生产以避免亏损。

（2）体育市场需求。体育市场需求反映了在一定时期内消费者愿意并能够购买的体育产品数量。这种需求不仅取决于消费者的购买欲望，也受限于其购买能力。影响体育市场需求的主要因素包括产品价格、消费者收入水平和消费者偏好。产品价格与需求成反比，即价格上升时需求下降，价格下降时需求上升。而消费者的收入水平和偏好则与需求成正比，收入水平提高或偏好增强时，需求也会相应增加。

3. 体育产业资源

体育产业资源指的是和体育产业经营管理活动相关的各种内部资源，如人力资源、物力资源、财力资源等。

体育产业资源的配置与体育产业经营管理的成本、效益之间存在着十分密切的关系，体育产业经营管理单位必须要注重本单位资源的优化配置，才能提高单位效益，实现可持续发展。

4. 体育产品消费者

体育产品消费者是体育市场的重要组成部分，通过对体育产品消费者消费水平的分析，可以看出一定时期内体育产品消费者实际购买的体育产品数量，从而得出体育产品消费者消费需要的实际满足程度，并在一定程度上了解体育产品的质量情况。因此，体育产业经营管理单位在进行经营管理活动时可以调查和了解体育产品消费者在一定时期内的体育产品购买数量，并将其作为调整经营管理活动的重要依据。在这一过程中，体育产品消费者的购买行为类型和选购影响因素是体育产业经营管理单位必须要了解的重点内容。

六、体育产业经营管理的发展战略

（一）坚持科学发展理念

为了推动体育产业经营管理的科学化发展，体育产业经营管理单位需要始终坚持科学的发展理念，并在实践中走上科学化发展的道路。这不仅要求从各个方面入手，合理调节体育产业经营管理中的关系和资源，还要与国家的政策方针相一致，促进整个社会政治、经济和精神文明建设的协调发展。

1. 体育产业经营管理的科学发展必须与国家的政策方针保持一致

国家政策的指导思想是体育产业的重要支持和发展方向，体育产业经营管理单位应当紧密结合国家政策，深入理解和贯彻政策要求，将国家政策与实际操作有机结合，从而在法律框架内合理运作，确保其经营活动符合国家整体发展大局。

2. 体育产业经营管理单位在实施经营管理活动时，需要重视体育产业内部的协同发展

特别是要关注学校体育、社区体育与大众体育之间的协调与互动。学校体育是培养青少年体质、塑造健康生活方式的重要平台，社区体育是提升社区居民整体生活质量和社会和谐的重要途径，而大众体育则是广泛普及体育运动、提高全民健身水平的重要手段。体育产业经营管理单位应当积极组织各类体育活动，搭建各级各类体育组织之间的沟通和协作机制，推动体育资源的共享和互动，实现全社会的体育资源优化配置。

3. 体育产业经营管理单位要坚持创新发展的理念

在经营管理活动中不断创新生产技术、管理理念和企业文化，以此来重塑良好的品牌形象。创新是推动体育产业高质量发展的动力源泉，只有不断创新，才能适应市场变化和消费者需求的快速变化。体育产业经营管理单位应当鼓励员工提出创新想法，建立有效的创新机制和激励体系；加强与高等院校和科研机构的

合作，引入先进的技术和理念，推动体育产业的前沿技术应用和市场创新。

（二）注重政府宏观调控

政府在推动体育产业经营管理科学化发展中扮演着不可或缺的角色。其强大的调控能力和资源优势，决定了其在体育产业经营管理发展过程中的主导地位和重要作用。为了实现体育产业经营管理的良性健康发展，政府需要从多个方面进行宏观调控，确保政策的科学性、针对性和持续性。

1. 政府部门应当善于利用法律体系、政策体系、行业法规和执法监督等手段，为体育产业经营管理制定科学合理的综合决策机制和协调管理机制

这意味着政府需要在保障体育市场公平竞争的基础上，通过政策引导和法律约束，规范体育产业内部的运作行为，维护市场秩序，促进资源的有效配置和利用。只有通过有效的宏观调控，政府才能引导体育产业各主体在市场竞争中发挥良好作用，推动整个产业向着高质量发展的方向前进。

2. 政府需要制定适当的倾斜性政策和针对性措施，以支持和促进体育产业经营管理的发展

这包括在财政支持、税收优惠、融资支持等方面给予体育产业更多的支持力度，帮助其解决资金筹措和发展资源不足的问题。政府的这些政策措施应当具备可操作性和实效性，通过政策的引导作用，激励体育产业经营管理单位更加积极地投入到创新和发展中去。

3. 政府部门需要具备前瞻性的战略规划和指导，对体育产业经营管理活动进行有效的预测和引导

这意味着政府应当通过产业发展规划、市场调研和政策咨询，为体育产业的长远发展制定清晰的发展路线和战略方向。通过优化结构，政府可以推动体育资源的合理配置，提高经营管理效率和市场竞争力，为体育产业的健康发展提供坚实有力的保障。

（三）优化社会体育法治建设

在我国加快法治化社会建设的大背景下，体育产业经营管理要实现科学化发展，必须紧密融入法治化进程，不断完善社会体育法治建设。这意味着体育产业的经营与管理活动需要在法律的框架下进行，确保所有行为有法可依、有法必依。

1. 建立健全的法律体系是完善社会体育法治建设的基础

体育产业经营管理单位应当严格遵守国家法律法规、行业规范和政策要求，

规范自身的经营行为。只有在法律的约束和指导下，体育产业才能稳定发展，避免出现违法违规行为，保障体育市场的公平竞争和消费者权益。

2. 加强体育维权意识对于推动体育产业法治建设至关重要

体育从业者和体育消费者应当增强法律意识，主动维护自身的合法权益，积极通过法律途径解决体育产业经营管理过程中可能出现的纠纷和问题。政府和社会组织也应当加强对体育法律援助工作的支持和引导，为有关方面提供法律咨询和法律援助服务，使法治在体育产业中得以全面落实。

第二章 体育场馆的经营管理及其智慧创新

第一节 体育场馆及其功能定位

一、体育场馆的类别划分

体育场馆是体育活动进行的场所，种类繁多，功能各异。"体育场馆的建设对于提升城市品位，引导人们走进场馆锻炼，扩大人民群众体育消费多元化起着十分重要的作用（王保宏等，2020）。"根据不同的划分标准，可以对体育场馆进行多元化的分类。这些分类不仅有助于更好地理解体育场馆的特点和用途，也为体育产业的发展提供了多元化的发展路径。

（一）依据运动项目进行划分

按照运动项目划分，体育场馆可以分为专项体育场馆和综合性体育场馆。

1. 专项体育场馆

专项体育场馆是针对特定的运动项目而建造的场馆，如网球场、滑雪场、自行车赛场等，其设施和场地通常针对特定运动项目的要求进行设计和建造，以满足专业运动员和爱好者的需求。

2. 综合性体育场馆

综合性体育场馆是具备多项运动项目功能的场馆，可以进行多种不同类型的运动竞赛和训练活动，具有较强的灵活性和多样性。

（二）依据功能用途进行划分

按照功能用途划分，体育场馆可以分为群体活动体育场馆、运动训练体育场馆和运动竞赛体育场馆。

1. 群体活动体育场馆

群体活动体育场馆是专门用于大规模的群体体育活动的场馆，如健身操、羽毛球、篮球等，通常具备较大的场地和设施，能够容纳大量的参与者。

2. 运动训练体育场馆

运动训练体育场馆是专门用于体育教学或训练的场馆，提供专业的训练设施和指导，为运动员的技能提升和素质提高提供便利条件。

3. 运动竞赛体育场馆

运动竞赛体育场馆是专门用于举办正式比赛和赛事的场馆，其设施和场地通常按照国际标准建造，能够满足高水平比赛的需求。

（三）依据聚散程度进行划分

根据聚散程度的不同，体育场馆可以分为单体体育场馆和体育中心。

1. 单体体育场馆

单体体育场馆是独立建造的单一体育场馆，通常用于特定的运动项目或活动，例如，体育馆、游泳馆等。

2. 体育中心

体育中心是集群建设的体育设施，包括多个体育场馆和相关配套设施，能够提供多种不同类型的体育服务和活动。

（四）依据产权关系进行划分

根据产权关系的不同，体育场馆可以分为国有体育场馆、单位体育场馆及私人体育场馆。

1. 国有体育场馆

国有体育场馆是由政府或相关国有企事业单位所有和管理，通常用于承办大型体育赛事和公共体育活动的体育场馆。

2. 单位体育场馆

单位体育场馆是由企事业单位建造和管理，主要服务于单位员工和社会公众的体育场馆。

3. 私人体育场馆

私人体育场馆是由私人投资建造和运营，通常以营利为目的，为个人用户和社会群体提供体育健身服务的体育场馆。

（五）依据标准化程度进行划分

根据标准化程度的不同，体育场馆可以分为标准体育场馆和非标准体育场馆。

1. 标准体育场馆

标准体育场馆是按照国家或国际标准建造，具备较高的设施设备和运营管理水平，能够承办高水平的比赛和活动的体育场馆。

2. 非标准体育场馆

非标准体育场馆是根据具体场地和需求进行临时建设或改造，其设施和设备可能不符合标准要求，但能够满足临时性活动和群众体育需求的体育场馆。

二、体育场馆的科学选址

体育场馆的科学选址是指在建设体育场馆之前对其所在的地理位置进行论证和决策的过程。这包括两个概念：一是拟建设体育场馆的区域以及区域的环境和应达到的基本要求；二是指具体建设在哪个地点、哪个方位。

（一）体育场馆的选址类型

体育场馆的选址绝大多数情况下位于城市，城市用地的类型一般有市区、近郊区、远郊区、卫星城等。根据城市规划的有关理论，把距离市中心区界线 5 千米以外的范围称为远郊区，5 千米以内的区域称为近郊区。由此，体育场馆的选址按照位置可分为城市型、近郊型和远郊型三种。我国新建的体育场馆中绝大多数位于城市近郊区或远郊区，远离城市中心，这仅仅是考虑到体育场馆为赛事和运动队训练服务的需要，未能考虑到民众健身的需要，不利于体育场馆赛后的利用。

1. 城市型

城市型体育场馆是指位于城市中心区或城市比较发达区域的体育场馆，如北京工人体育中心、长沙新世纪体育中心、湖北洪山体育中心等。城市型体育场馆建设时间一般较早，周边各类设施相对完善，可通达性较强，人流量较大，利用率相对较高。因此，城市型体育场馆可最大限度地满足公众日常生活的需求。

2. 近郊型

近郊型体育场馆介于城市型和远郊型之间，选址于距离中心城区边界 5 千米范围内，既可以借用城市中心区已有设施，可通达性相对较强，又有相对充足的发展空间，因此，近郊型体育场馆带动城市发展的作用较为明显。随着城市的发展，近郊型体育场馆可能成为城市型体育场馆，因此在规划初期需要考虑体育场馆周边是否具有足够的拓展空间。在满足体育场馆用地需求的同时，需考虑其他功能发展的弹性空间，达到以体育场馆带动城市发展的目的。

3. 远郊型

远郊型体育场馆是指远离城市中心区，选址在城区范围 5 千米以外的体育场馆。此类体育场馆通常用地条件宽松，土地使用价格相对较低，但周边经济不发达，人流量较小，配套设施不完善，不便于赛后利用和开展多种经营。远郊型体育场馆的建设目的除了举办大型赛事外，还有带动城市拓展，实现城市由单中心向多中心转变或实现城市跳跃式发展的目的，因此，此类体育场馆一般建在城市发展方向上。

（二）体育场馆选址的影响因素

1. 城市发展方向

城市发展方向对近郊型和远郊型体育场馆的选址尤为重要。每个城市都有各自的发展方向和建设重点，不同城市区域的发展潜力也有很大不同。

2. 区域经济

城市内不同区域的经济发展水平有较大差异，居住人群的消费能力、教育文化水平也不相同。区域经济的发展水平对体育场馆后期的运营有较大影响。国内多数体育场馆选址在经济相对不发达地区建设，期望通过体育场馆带动区域经济的发展，而国外体育场馆一般选址在城市较为发达的地区，尤其是靠近商业繁华区，力求产生共生作用。因此，从体育场馆的后续利用角度出发，体育场馆的选址宜靠近经济比较发达的区域，以提高利用率。

3. 土地价格

体育场馆一般占地面积较大，为节省建设成本，体育场馆选址宜选择土地价格适中以及具有发展潜力的区位，充分利用体育场馆的集聚效应来带动周边地块和区域的发展，而不是占据城市中土地价值最高的区位。

4. 交通

大型活动期间，大量人流的聚集与疏散是体育场馆安保必须考虑的问题；而在没有大型活动期间，为了提高体育场馆的使用效率，必须考虑体育场馆的可通达性与便利性。因此，体育场馆的选址应充分考虑城市的交通规划，可选择在城市交通枢纽的附近。一般而言，体育场馆与城区之间的交通联系越方便，两者之间的距离可以越远；反之则越近。

三、体育场馆的功能定位

体育场馆的功能定位是体育场馆设计和运营的核心，直接关系到体育场馆的定位和服务对象。根据不同的目标市场选择和消费者需求特征，体育场馆的功能定位可分为竞赛型、健身型、训练型和复合型四种类型。

（一）竞赛型体育场馆

主要为大型体育赛事提供场地和设施支持，竞赛型体育场馆通常规模庞大，拥有丰富的辅助设施和高水平的竞赛设备，是承办国际、国内大型体育赛事的首选场所，如国家体育场、国家体育馆等。其建设和运营成本较高，但能有效提升城市形象和吸引国际体育赛事举办。

（二）健身型体育场馆

主要以满足广大群众的健身需求为主，健身型体育场馆规模较小，注重普惠性和便利性，常见于社区体育中心或全民健身中心等场所。其设施简易，以提供基础的健身设备和服务为主，为居民提供方便快捷的健身场所，促进全民健身活动的开展。

（三）训练型体育场馆

主要为高水平运动队和运动员提供专业训练场地和设施，训练型体育场馆通常由国家体育总局或各级体育局建设和管理，旨在提供优质的训练环境和条件，满足运动员的训练需求。同时，许多此类体育场馆也向社会开放，兼顾社会服务和运动训练的双重功能。

（四）复合型体育场馆

涵盖了多元化的体育及非体育功能，复合型体育场馆不仅提供竞赛和健身等传统体育功能，还融合了休闲、娱乐和商业等多种元素，成为当今体育场馆发展的主要趋势之一。复合型体育场馆能够满足不同人群的多样化需求，提供综合性的体育娱乐场所，代表作品有温布利大球场等。

第二节　体育场馆的经营管理与开发

一、体育场馆的经营管理

（一）体育场馆经营管理的目标

体育场馆的所有经营管理活动都是根据任务或是经营目标而进行的，体育场馆经营管理的目标和任务是体育场馆一切经营活动的基础和依据，必须给予足够的重视。

1. 提供体育服务产品以满足体育消费者的需要是体育场馆经营管理的首要任务

体育场馆应积极开展各类运动竞赛、体育表演及各种形式的体育活动，确保运动训练的同时，满足广大体育消费者的需求。为实现这一目标，体育场馆需要不断丰富体育活动的形式，多样化比赛项目，并通过有效的宣传推广活动，树立品牌形象，吸引更多的参与者和观众，促进体育产业的繁荣。

2. 体育场馆应开展多种经营活动，提供体育以外的其他社会服务，以充分发挥其服务作用

除了体育运动服务外，体育场馆还应利用闲置的资源和设施，积极开展各种文化、商业等活动，如演唱会、展销会等，拓展经营领域，实现多元化经营，增加场馆的社会价值和经济效益。这种多元化经营模式不仅能够有效利用资源，提高场馆的利用率，还能够满足社会多样化的需求，促进社会文化的繁荣和发展。

3. 确保国有资产保值增值是体育场馆经营管理的重要任务之一

作为国家投资兴建的公共体育场馆，其国有资产保值增值的任务尤为重要。体育场馆应具备自我生存和自我发展的能力，通过有效的经营管理，提高场馆的经济效益和社会效益，确保国有资产的增值。这需要体育场馆加强财务管理，提高资产的利用效率，优化资源配置，降低经营成本，提高收益水平，实现国有资产的保值增值。

（二）体育场馆经营管理的内容

体育场馆经营管理的基本内容事关体育消费者的切身利益，和消费者的联系最为紧密，也是体育场馆经营管理工作的最直接体现，提供各种体育服务是体育

场馆的本质功能，坚持体育场馆公益性和经营性相结合，就必须突出体育服务，以体育为主，开展多种经营。

1. 举办体育赛事

体育赛事的多样性是其吸引力之一。无论是国际大型赛事还是本土职业比赛，抑或是地方性自办赛事，都为体育场馆注入了不同的活力与魅力。然而，尽管有如此丰富多彩的赛事资源，但在我国现有的竞赛管理体制下，体育场馆运营管理者并不直接拥有这些赛事资源。因此，他们必须通过申请承办或承接各类体育赛事，方能为社会提供相应的赛事服务。这也意味着，体育场馆运营管理者的成功并非仅仅依赖于自身的努力，更需要与赛事主办方建立起良好的合作关系。近年来，一些体育场馆运营管理者为了丰富经营内容，积极策划组织了各类赛事，通过自主开发赛事资源，取得了不俗的业绩。这种举措不仅是对体育场馆经营的一种拓展，更是对体育文化的传承与弘扬。体育场馆运营管理者不再局限于场馆的日常管理，而是积极投身于体育文化的推广与发展之中，成为当之无愧的赛事服务的经营开发者。此外，体育赛事服务既是场馆的重要经营内容和收入来源，也是提升场馆品牌形象和价值的关键平台。通过举办各类赛事，体育场馆得以加深与社会各界的交流与合作，提升了其在公众心中的形象与认知度。一个成功的体育场馆不应是一座冰冷的建筑，而是一个充满活力和活动的社区中心，其背后的体育赛事服务功不可没。

2. 开展健身服务

随着经济的发展和生活水平的提高，人们对健康生活方式的追求日益强烈，因此，健身休闲娱乐成为满足这一需求的重要途径。体育场馆拥有丰富的健身设施与资源，应积极开展健身服务，满足不同层次消费者的需求，并通过与休闲娱乐业的结合，实现经营的多元化和发展的持续性。

（1）体育场馆开展健身服务是满足公众健康需求的重要途径。随着生活节奏的加快和工作压力的增大，人们越来越重视健康和身体素质的提升。体育场馆作为健身活动的主要场所，应提供丰富多样的健身设施和服务，满足不同人群的健身需求，促进身心健康的全面发展。通过开设健身俱乐部、健身会所等形式，体育场馆能够吸引更多的健身爱好者，为他们提供专业的健身指导和良好的健身环境，实现健康生活方式的普及和推广。

（2）体育场馆可以通过开展健身服务拓展经营领域，实现经营的多元化和持续性发展。除了提供健身服务外，体育场馆还可利用其附属设施开展酒吧、会所、桑拿、洗浴等休闲娱乐业务，形成健身、休闲、娱乐等多种业务的互动和协同发展。通过建立完善的休闲娱乐产业链，体育场馆能够有效吸引更多的消费者，提高场馆的利用率和经济效益，实现经营的多元化和持续性发展。

（3）体育场馆开展健身服务不仅可以支持其本身的经营，还能够扩大其潜在消费群体，提升场馆的影响力和知名度。通过提供优质的健身服务，体育场馆能够吸引更多的消费者，形成良好的口碑和品牌形象，进而吸引更多的会员和顾客，为体育场馆的长期发展打下坚实的基础。同时，不断满足消费者多元化的健身需求，也能够为体育场馆的服务业多元化经营带来更广阔的发展空间和潜力。

3. 组织体育培训

体育培训是向受训者传授体育运动技能及相关知识的过程，旨在培养人们的运动能力和提升其体育水平。在当今社会，体育培训已成为体育场馆拓展服务内容、满足消费者多元化需求的重要手段之一。

首要的体育培训所需的基本条件包括专业的体育教练人员和合适的场馆设施。体育场馆具备了得天独厚的场地资源和专业人才优势，这使得它们在开展体育培训服务方面具备了强大的竞争力。由于场馆工作人员通常具备体育专业背景，拥有丰富的运动经验和专业知识，他们能够为学员提供高水平的指导和培训，从而有效地提升培训服务的质量和效果。

开展体育培训服务不仅仅是为了经营利润，更是为了促进社会体育参与度的提升和人才的培养。通过培训服务，体育场馆能够吸引更多的群众参与体育活动，提升运动爱好者的比例，进而为国家的竞技体育事业输送更多的后备人才。特别是针对青少年群体，体育培训更是具有重要的社会意义，不仅能够培养他们的体育兴趣和习惯，还能够塑造他们的健康生活方式和积极的人生态度。

4. 引进文化演艺

在当前国内体育赛事资源相对稀缺的情况下，承接或举办各类文艺演出和演唱会等文化活动成为体育场馆经营的重要策略之一。与体育赛事相比，大型文化演艺活动在部分体育场馆的举办比例甚至更高，这也使得部分体育场馆成为演艺明星举办演唱会的首选场所，如北京工人体育场、五棵松体育馆、上海体育馆等。

我国体育场馆运营管理者与大型文化演艺活动主办方之间多为场馆租赁关系。体育场馆经营管理者为文化活动主办方提供场馆租赁服务，让体育场馆成为文化演艺活动的举办场所。虽然体育场馆自行主办的大型文化活动相对较少，但通过与文化演艺活动主办方的合作，体育场馆能够获得租赁收入，并且提高了场馆的知名度和影响力。

体育场馆引进文化演艺活动不仅可以丰富场馆的经营内容，还能够吸引更多的观众和消费者，提高场馆的利用率和经济效益。文化演艺活动具有较高的吸引力和市场需求，通过引进这些活动，体育场馆能够拓展经营领域，增加经营收入，为场馆的可持续发展提供了新的动力和保障。

5. 承接企业庆典

企业庆典活动包括各种户外拓展、趣味比赛、企业年会等，它们不仅是企业展示自身文化和形象的重要机会，也为体育场馆带来了可观的收入。随着企业对自身文化建设的重视和企业活动的增多，承接企业庆典服务已成为体育场馆经营的重要内容之一。

企业庆典活动的举办往往需要专业的机构来进行策划、组织和实施。在这方面，体育场馆运营管理者具有得天独厚的优势。他们可以根据企业的需求，量身定制各种文体活动服务，为企业提供全方位的支持和服务。这种个性化定制服务不仅能够满足企业的需求，还能够提升企业活动的效果和影响力，从而赢得了企业的青睐和信赖。

特别是一些大型企业，为了塑造自身独特的企业文化，提升企业的品牌知名度，经常需要举办各种形式的庆典活动。这些活动不仅能够增强企业内部员工的凝聚力和团队合作意识，还能够向外界展示企业的形象和实力。因此，对于体育场馆而言，承接这类企业庆典服务不仅是一种经营手段，也是一种与企业共同成长的合作机会。

在国内，一些体育场馆已经成功运作了企业庆典服务。例如，武汉体育中心和广州新体育馆等场馆，都在这方面取得了不俗的成绩。据统计，在这些场馆一年举办的各类活动中，企业庆典活动所占比例约为1/3。这充分说明了企业庆典服务在体育场馆经营中的重要地位和潜力。

6. 提供会展服务

会展服务指的是在各类会展活动中，向与会者、参展者以及观众提供的各项服务，包括交通、文书、采访、接待、礼仪、旅游、通信、金融、后勤等各方面的服务。作为大空间建筑，体育场馆具备举办各种会展活动所需的场地和设施，因此适宜承办各类会展活动。

近年来，随着会展经济的快速发展，会展业逐步成为体育场馆经营管理者关注的焦点。特别是位于城市中心区域的体育场馆，每年承办的各类会议、展览、展销会以及人才交流会等活动占据了较大比例。体育场馆运营管理者在承办各类会展活动中积累了丰富的经验和专业技能。因此，体育场馆经营管理者可以根据会议、展览与展销会的运作流程、经验以及市场和客户的需求，开展前向或后向的多元化经营。通过为市场与客户提供多元化和个性化的服务，满足不同客户的需求，体育场馆可以有效提升自身的竞争力和市场地位，实现经营的多元化和持续性发展。

7. 开发无形资产

近年来，国内体育场馆从业机构逐渐认识到无形资产的重要性，开始积极开发和利用其所蕴含的潜力。除了注重有形资产的经营外，体育场馆也开始重视冠名权、广告发布权、商号以及商誉等无形资产的开发。这一举措不仅丰富了体育场馆的经营内容，也为其带来了可观的收益，积累了一定的成功经验。

在体育场馆经营中，发布户外及馆内外的广告已成为获取经营收入的重要途径。一些体育场馆甚至成立了专业的广告公司，专门负责无形资产和广告业务的开发与运营。例如，五台山体育馆、上海东亚体育中心以及北京奥体中心等体育场馆都在这方面展开了积极的探索与实践。北京奥体中心更是利用国家奥林匹克体育中心的品牌价值，积极开展战略合作伙伴、指定专用用品和冠名权的开发，吸引了诸多知名企业成为其合作伙伴，为奥体中心带来了丰厚的收益。

8. 配套综合服务

综合服务旨在根据市场和消费者的需求，提供除基本体育服务之外的其他服务，以满足消费者的多元化和个性化需求。这些服务主要通过与体育场馆原有经营内容相匹配，以配套服务的形式提供给用户。

综合服务项目包括多个方面：首先是体育经营活动的各种配套项目，如洗浴、按摩推拿、餐饮、超市等，为用户提供全方位的健身体验；其次是由体育场地设施衍生出来的服务，如停车场、家具展销、酒店宾馆等，为用户提供更加便捷的服务；最后是利用场馆优势开展的其他服务，如私人教练与陪练、体育用品销售等，满足用户的个性化需求。

开展综合服务有助于体育场馆发挥自身的多种功能，提高场馆的使用率。同时，综合服务还可以为用户提供体育以外的社会服务，满足人民群众不断增长的物质和文化生活需求。通过提供多元化的服务，体育场馆可以更好地满足不同用户群体的需求，增强用户的黏性和提升用户的满意度，促进场馆的持续发展。然而，在开展综合服务的过程中，必须始终以保证完成体育运动服务，特别是运动竞赛表演服务为前提。当多种经营的综合服务与体育运动服务发生矛盾时，应当优先保证体育运动服务的顺利进行，确保体育场馆的初衷和定位不受影响。

二、体育场馆的经营开发

（一）体育场馆经营开发的重要性

体育场馆在社会体育事业中扮演着重要的角色，其良好运营对于推动整个体育产业的发展至关重要。

1. 为人们提供丰富多样的体育活动场所，满足不同人群的需求

这意味着无论是业余爱好者还是专业运动员，都能够找到适合自己的场地进行锻炼和比赛，从而激发他们对体育运动的热情，并促进全民健身活动的开展。

2. 是城市发展的重要组成部分

城市中拥有优质的体育场馆不仅能提升城市的形象，还能够吸引更多的人流。例如，一座现代化的体育场馆往往成为城市的标志性建筑之一，吸引了大量游客和体育爱好者前来参观和体验。这种人流的增加不仅能够为体育场馆带来经济收益，还可以带动周边商业的繁荣，促进城市经济的增长。

（二）体育场馆经营开发的要素

1. 团队组建与培训

一个专业、高效的团队是保证场馆顺利运营的重要保障。团队成员包括管理人员、运动教练、维护人员等。这些人员需要具备专业的技能和知识，能够有效地协作，以确保场馆的正常运营。此外，团队成员的培训也是至关重要的。随着体育产业的不断发展，新的管理模式、技术、理念不断涌现，团队成员需要不断学习和提升自己的能力，以适应市场的变化和用户的需求。因此，持续的培训计划对于团队的发展和场馆的经营开发至关重要。

2. 财务管理与风险控制

在现代商业社会中，财务管理对于任何一个企业都是至关重要的。体育场馆作为一个商业实体，同样需要进行有效的财务管理，包括预算编制、成本控制、收支管理等方面。只有做到了良好的财务管理，才能够确保场馆的长期健康发展。同时，风险控制也是不可忽视的。体育场馆经营过程中面临着各种各样的风险，如人员安全风险、法律风险、自然灾害风险等。因此，需要建立健全的风险管理机制，及时识别、评估和应对各种风险，以保障场馆的安全稳定运营。

（三）体育场馆经营开发的对策

在体育场馆经营开发的过程中面临着各种各样的挑战，这些挑战可能来自市场竞争、法规政策、技术创新等多个方面。因此，制定有效的对策，应对这些挑战，是保证体育场馆经营顺利发展的关键。下面针对体育场馆经营开发中的挑战，提出相应的对策，以期为相关从业者提供参考和借鉴。

1. 市场竞争与差异化发展

随着体育产业的蓬勃发展，市场竞争日益激烈。体育场馆作为体育产业链条上的重要一环，也面临着同样的挑战与机遇。在这样的背景下，差异化发展成为体育场馆摆脱竞争泥潭、实现长远发展的关键策略之一。通过提供独特的服务、设施或者体验，体育场馆能够吸引并留住用户，从而在激烈的市场竞争中脱颖而出。

差异化发展意味着体育场馆要通过各种创新方式，使自身在市场上与众不同。这可能涉及举办特色赛事，提供个性化的培训课程，打造独具特色的运动氛围，等等。举办特色赛事是差异化发展的一种重要方式。通过组织各种别具特色的比赛，如主题性强、观赏性高的赛事，体育场馆能够吸引更多的观众和参与者，提升其知名度和扩大其影响力。同时，提供个性化的培训课程也是差异化发展的重要手段。针对不同群体的需求，定制化的培训课程能够更好地满足用户的个性化需求，提高服务的质量和用户的满意度。此外，打造独具特色的运动氛围也是体育场馆差异化发展的关键。通过营造独特的环境氛围、提供个性化的服务体验，体育场馆能够吸引更多的用户，增强用户的黏性，从而提升其市场竞争力。然而，要实现差异化发展，并不是一件易事。体育场馆需要全面深入地了解自身的优势和劣势，把握市场的需求和趋势，灵活运用各种资源，不断创新和完善自身的服务体系。差异化发展还需要体育场馆具备强大的管理团队和运营能力，能够有效地整合各种资源，实现战略目标的有效落地。

2. 法规政策与合规经营

体育场馆作为公共场所，其经营必须符合各项相关法律法规，以保障用户的合法权益。因此，体育场馆的经营者必须全面了解并严格遵守相关法规，从场馆安全管理、人员管理到税务规定等各个方面遵守。

（1）重视场馆安全管理。这包括制定并执行安全管理制度，确保场馆设施设备的安全运行，防范和应对各类安全事故。例如，定期进行设备维护和安全检查，设置安全警示标识，建立应急预案等措施，都是保障场馆安全的重要手段。

同时，对于大型活动或比赛，还需要提前做好安全风险评估，并配备专业的安保人员，确保活动的安全顺利进行。

（2）进行人员管理。场馆经营者需要建立健全的人员管理制度，包括招聘、培训、考核和激励机制等方面。在招聘方面，要注重员工素质和专业能力，确保场馆的服务质量和形象。在培训方面，要为员工提供必要的专业知识和技能培训，使其能够胜任各自岗位的工作。在考核和激励方面，要建立科学的绩效考核体系，根据员工的表现给予相应的奖励和激励，激发员工的工作积极性和创造力。

（3）注重税务规定。场馆经营者需要了解并遵守相关税收法规，合理规划税务筹划，确保纳税合规。这包括对于场馆的收入、支出、税收优惠政策等方面的合规管理，避免因税务问题导致的法律风险和经济损失。

为了实现合规经营，场馆经营者还需建立健全的内部管理制度和流程。这包括规范各项管理流程、明确各岗位职责、加强内部监督和审计等措施，以确保经营活动的合规性和稳定性。同时，加强对员工的培训和教育，提高员工的法律法规意识和合规意识，也是保障场馆合规经营的重要举措。

3. 技术创新与智能化升级

随着科技的飞速发展，技术创新已成为推动体育场馆经营发展的重要动力。特别是智能化技术的应用，不仅能提升场馆的管理效率和服务水平，还能为用户带来更优质的体验。智能化的预订系统、人脸识别系统、智能健身设备等技术手段的运用，为体育场馆带来了新的发展机遇和竞争优势。

（1）智能化的预订系统为用户提供了更便捷的预订体验。通过手机 App 或网络平台，用户可以随时随地预订场馆的各类服务，如场地租赁、教练指导等，避免了传统预订方式的排队等待和沟通不畅的问题，大大提升了用户的预订效率和满意度。

（2）人脸识别系统的应用提升了场馆的安全性和便捷性。通过人脸识别技术，可以有效控制场馆的入口，防止非法闯入和安全事故发生，提升场馆的整体安全水平。同时，用户无须携带实体卡片或钥匙，只需通过人脸识别即可进入场馆，大大提高了用户的入场便利性和体验感。

（3）智能健身设备的应用为用户提供了更加个性化的健身体验。通过智能健身设备，用户可以获取个性化的健身指导和数据分析，了解自身运动情况和健康状况，更科学地进行健身锻炼。而对于场馆经营者而言，智能健身设备还能帮助他们实时监测设备的使用情况和运行状态，进行设备维护和管理，提升设施的利用率和管理效率。

第三节　智慧体育场馆的管理与建设

"随着我国现代化智能化技术的逐渐发展与应用，它已经成为影响国家综合竞争实力的关键因素。国家已经明确地提出，在当前体育行业中要建立高效、高质量的工程项目，并且通过创新技术的应用为国家未来的发展以及体育事业建立智能化的体育场馆，推动整个国家综合竞争实力的全面提升（曾聪，2024）。"

一、智慧体育场馆的基本特征

（一）信息化

信息化是网络时代各行业发展的重要基础之一，也是场馆开展体育竞赛表演和健身休闲活动、提高运营与管理效率以及改善用户体验的重要影响因素。传统体育场馆的人对人、面对面的服务模式所累积的人力成本较高，场馆整体运转情况难以实时把控，不利于后期运营和无形资产再开发，也在一定程度上限制了公共体育服务的高质量供给。公众在选择场馆进行消费之前，需要了解场馆各种相关的信息，包括地理位置、交通信息、场地预订、票务价格以及其他配套服务信息等。在消费者到达场馆之后，场馆运营机构通过对消费者特征与消费偏好的统计，运用大数据进行特定群体活动开发，有利于实现场馆高效运营。场馆智慧化升级需要对场馆资源进行改造，从而让场馆的各个空间涉及信息的获取与应用，在信息充沛的条件下对场馆资源进行整体开发。

（二）智能化

体育场馆从理念上已由自动化向智能化方向转变，电子技术、通信技术、自动化技术等逐步由软件技术、智能化技术等所替代。而智能是智慧体育场馆的重要体现，主要表现在传感技术、RFID 技术、GPS 技术、视频识别、红外线识别等感知技术，使体育场馆具备硬件、软件和感知一系列能力，场馆建筑运行、消费者活动信息等能被主动识别，从而形成整体性的网络数据，并自成一个系统，以实现场馆信息的在线交互。当前智能化体现在场馆升级的各个方面，如"智能化+建筑"中的客流监控、场馆能耗监控、智能停车；"物联网+设施"设置的前台智能信息展示大屏、触屏智能自助一体机、人脸闸机、智能储物柜、智能灯控等；"互联网+服务"中的场馆信息发布、微信订场、会员定制服务；"智能化+管理"实现赛事活动、培训活动以及"两场一馆"管理的变革。通过完善智能设备达成供给侧新一轮场馆设施改造与更新，在服务端实现场馆数据统计与信息集成，全面提高场馆的竞争优势。

（三）全面性

目前，国内许多体育场馆的设施配置已经不能完全满足现代化体育竞赛和商业比赛的要求。例如，在观赛观演型场馆中，中央抖屏规划不足，音响系统只能提供简单的语音播报，无法实现音乐秀、灯光秀等高水平的表现。因此，智慧体育场馆的建设和应用并非一蹴而就，需要在场馆规划与建设、运动项目设计与运营、体育竞赛与活动开展等多个领域实现全方位的应用。

随着信息技术的普及和成本的降低，连接与计算成本已经大幅降低。无论是国家级、省级大型体育场馆，还是地市级中小型体育场馆，甚至是县区级全民健身中心和社区健身中心，都应该享受到智慧化技术带来的成果。体育场馆应当逐步向智慧化发展，提升设施设备的多功能性和转换能力，以满足不同层次、不同类型的体育活动需求。

在智慧体育场馆的建设与发展中需要考虑各种因素，包括技术、管理、服务等多个方面。智慧体育场馆应当具备信息化管理系统，实现对场馆设施、设备、人员的全面监控与管理。同时，还需要充分利用互联网和移动应用技术，提供在线预订、智能导航、个性化服务等功能，提升用户体验感和满意度。

（四）互联性

跨界互联是智慧体育场馆的重要特征之一，为避免信息孤岛现象，智慧体育场馆通过打通场馆各个孤立的要素，将相关要素进行有机整合，从而形成一个全新的生态系统。场馆并非孤立的建筑物存在，而是由若干个子系统组成，首先是场馆设施互通互联、场馆建筑智能化、场馆 App、前台智能信息大屏、入场智能识别闸机、智能储物柜等"物联网+设施"，是节点分散、信息统一的智慧网络终端，处于不同地理位置的用户能够通过分散的终端获取实时的场馆信息。其次是要素联动，消费者选择场馆进行消费后，除运动场地外，同时还有餐饮与购物、娱乐与社交的需求，智慧体育场馆集成以上需求信息，从而让消费者快速获取场馆提供的各式信息和服务内容。最后是管理联动，我国大量体育场馆是以体育中心（一场两馆）形式存在，传统管理模式下不同类型场馆信息管理模糊，难以实现快速有效沟通，而管理联动能够实时了解体育中心整体运营状况，有利于增加场地销售收入、会员卡销售、运动数据商业变现、商业广告以及商户管理费等收入，为场馆实现管理效益最大化，品牌输出、连锁化经营打下坚实基础，"以信息化手段推进场馆管理的精细化"，提高场馆管理效率。

（五）便捷性

便捷性是智慧体育场馆的重要体现，它提供标准化服务流程，感受来自场馆的人文关怀。便捷的场馆服务系统可以缓解消费者行程中对于不可测因素的焦虑心理，有利于提高用户黏性和满意度，以赢得用户的青睐，持续性刺激体育消费。智慧体育场馆的便捷性特征包括以下三个方面内容：一是场馆信息便捷，我国大部分场馆运营机构疏于场馆信息化建设，鲜见对场馆信息资源进行二次开发，现场人工咨询的服务方式已远远落后于消费者需求，容易流失大量潜在用户，而网络时代主动推送场馆信息和举办的赛事活动，便于人们主动获取场馆信息，主动走进场馆。二是使用便捷，场馆各项智能设施的最终闭环是面向消费者，这就需要充分体现以人为本的理念，最大程度上方便公众在场馆内进行的各类活动，如场馆导航、智能预订、智能储物柜等。三是技术便捷，场馆的服务对象较为广泛，各项技术的使用要综合考虑各个年龄层次的接受程度，尤其是中老年消费群体的适应性问题，尽量避免产生误解，使得技术服务能够惠及所有群体。

二、智慧体育场馆的主要功能

（一）社会功能

智慧体育场馆的建设与推进不仅是简单地叠加资源，而是有意识地结合公众需求对现有资源进行重构，不断整合社会资源，实现自身发展需求的饱和状态，避免场馆资源的闲置。从公共体育服务角度来看，建设智慧体育场馆是完善公共体育服务系统的重要环节。通过融合更多科技元素于运动空间中，智慧体育场馆为公众提供各种创新体验与服务，如通过智慧平台发放健身消费券、分析公众运动健康数据等。这些功能不仅面向少数人，而是为广大社会公众所需，符合社会发展的需要，也是构建智慧型服务政府的重要体现。

从社会治理角度来看，智慧体育场馆是智慧城市建设的缩影，其建成与运行涵盖了交通、建筑、商业、公共安全等各个领域。智慧体育场馆的良性运行体现了包容性，政府在此过程中积极履责，以创新性思维提高场馆综合服务能力，提升群众满意度。

（二）经济功能

随着数字经济的不断发展，智慧体育场馆的建设成为必然趋势，它能够使场馆服务业务更加大众化和专业化，提高用户获取场馆消费信息的便捷性，并通过优化网上支付等方式，让用户更加方便地享受场馆服务。尽管智慧体育场馆的建设可能会在短期内增加场馆的运营负担，但这种短期固定资产投资将转化为长期收益。相较于场馆的固定成本和变动成本总和，这种投资规模较小。而且，智慧体育场馆运营管理系统的建立能够让场馆和运营机构立即占据市场竞争的优势。一旦系统完善，便能够持续运营，与用户直接进行线上沟通与交互，从而帮助场馆建立良好的服务品质和口碑，形成并维持稳定的客户关系，创造经济价值。

（三）文化功能

随着信息技术的不断演进，体育场馆作为公众日常生活的重要场所，智慧化的引入推动着社会体育文化的发展。体育与科技的融合不仅产生了具有体育特色的科技实物，还促进了公众行为文化的革新。例如，智慧体育场馆引入了特色智能设备、虚拟运动装备等，为公众提供了新颖的体育体验。另外，智慧体育场馆改变了公众的消费方式，从线下转向线上，从交易过程中获取信息转变为交易前获取信息，支付方式也由现场支付转变为提前支付。这些改变加速了用户在场馆消费行为的转变速率，推动了公众体育消费文化的更新。

（四）科技功能

智慧体育场馆的发展将加速新技术在场馆服务甚至体育领域的应用。以往智慧产业主要集中在制造业、农业、能源、交通、环保等领域，缺乏对体育领域的关注，而依托新一代信息技术的发展使得体育场馆的生产效率和服务水平得以大幅提高，智慧体育场馆成为促进体育消费，提供公共服务的重要阵地，形成与网络经济、实体经济协同互动的发展格局，并达成体育领域的示范效应，引起其他相关行业的关注及跟进。智慧场馆不断得到应用和发展，一些新的功能和需求需要满足，对智慧体育场馆中技术的水平也提出了更高的要求，在市场规律的运作下，企业便会投入更多的资本加速新技术的研发。以此供给应用更加丰富，服务更加多元，线上线下体验更加紧密的场馆服务业态，并不断优化场馆资源配置使公众享受到更加公平、高效、优质、便捷的服务。因此，体育场馆向智慧化转型能推动新信息技术在体育领域的普及。

（五）环保功能

传统的场馆经营模式是一种高碳式的运营模式，每年能源开支费用居高不下，大部分场馆都把降低能耗、保护环境作为重要的工作之一。智慧体育场馆在这方面表现相对突出，其借助智能硬件可以完善对场馆电力、用水的智能控制，提高能源的利用水平，从而降低能源成本，实现场馆的绿色、低碳、可持续发展。部分场馆通过外墙布设太阳能电板等可再生资源装置，内部调整能源管理系统，不仅能够有效降低场馆能源成本，还能节约社会资源，降低场馆碳足迹，减少对资源的消耗，使更多的人力、物力资源从重复性工作中解放。同时，场馆引入智能能源控制设备，消费者在进行消费体验的过程中，也能够增强环保意识，这也响应了国家建设资源节约型和环境友好型社会的发展战略。

三、智慧体育场馆的建设路径

智慧体育场馆的建设是一个系统工程，涉及多个层面的策略实施。下面详细探讨基础建设、运营服务和管理保障三个层面的实施策略，以确保智慧体育场馆建设的顺利进行和高效运营。

（一）基础建设路径实施策略

1. 强化设施，场馆智能化

体育场馆智慧化建设需要多种智能设备、系统进行支撑，完善的智能设施可以采集到更为全面的数据信息，通过对数据的收集、分析，实时了解场馆、用户的状态，提高场馆利用率、场馆能耗管控以及用户的体验。智慧体育场馆需要夯实基础设计来提供有力的建设保障，如智慧体育场馆的建设需要智能机器人、云计算、物联网、VR、AR、MR、网络通信、低轨卫星等设施的搭配，当前应加强体育产业领域的建设规划布局。又如在场馆能耗方面，在水电暖机器节点安装信息采集装置，可以让管理人员在远程、线上实时观看场馆内部使用情况，搭配云支撑系统，还可以查询历史使用记录，对使用异常的节点进行标记，有效对场馆能耗进行管控，降低场馆运营成本；在场馆举办赛事时，对于比赛数据的记录也很重要，如鹰眼技术等应用。在比赛中记录每个动作、每个轨迹，对运动员赛场上多种数据收集统计，不仅为比赛提供了趣味性、娱乐性，也为比赛的公平公正提供保证。这也是通过根据个性化的需要增加智能设备，并有顺序地排列组合多台高清相机和云端处理，提高智慧体育场馆举办的精彩程度；在场馆服务系统中，完善的信息发布和智慧引导设备，使用户在进场时和进场后可以更便利地接收场馆信息和选择最优行程。

此外，在用户参与锻炼期间，智能设备的合理搭配也可以更好地采集用户运动信息，合理地提供运动报告；管理人员对场馆的营业情况做出相应调整。相较于传统经营模式，根据智慧体育场馆的定位合理地搭配完善智能设备，合理地使用智能设备，加强对场内环境、数据的收集，可以更好地对场馆有效监管、降低能耗、增加场馆使用率、提高赛事活动精彩程度以及给用户带来丰富体验。

2. 制定标准，体系科学化

优先健全体育信息化，制定智慧体育场馆体系是我国"十四五"时期关于推进体育体系打造、体育产业治理的方向和重心。科学标准体系的确立是确保行业内流程合理化、量产化的基础，是一个行业成熟的标志。智慧体育场馆的智慧化建设，需要政府部门以现有政策为基础，要严格遵循可持续发展观念、坚持政府主导地位、配合城市地区发展战略，制定对智慧体育场馆的建设标准、设计规划、服务行为等科学标准体系，通过行业法规、制度准则监管。规避智慧体育场馆的技术误区、加强智慧体育场馆的功能发挥，建立有效严谨的监督评价体系，也可以对系统架构、相关术语、应用管理等加以规范化，更好地让人民、资本对智慧体育场馆接触了解，也能让智慧体育场馆更好地服务于人民、地区，为用户提供更好的服务。强化体育场馆智慧化建设的完整性和标准性，以科学、完整的标准规范来更好地更多地促进体育场馆的智慧化建设。

首先，政府应设立从中央到地方、地方到企业的机构，以地方政府为主导，遵循国家发展战略，制定对智慧体育场馆的建设标准、设计规划、服务行为等科学标准体系，并负责标准体系规范的实施与监管；企业层面严格遵循体系标准，在体育场馆智慧化建设中做个性化创新、统计建设数据及编制建设方案等。

其次，构建完善的法治体系，通过法律维护体育场馆智慧化建设的地位以及对智慧体育场馆内信息数据保护，规范大数据、云服务中的操作行为，对于数据泄露、危害人民社会的行为，依法进行处理。

最后，在监管方面，要定制严谨科学的监督体系，做到具体信息、具体责任在具体部门具体人员，可以实行第三方或多方共同在建设进度、程度方面监督，在体育场馆智慧化建设过程中对于出现的问题要及时发现、及时整改。使体育场馆智慧化建设中有标准、有法治、有闭环。

3. 促进合作，成果加速化

在政企合作中要分工明确，政府负责从宏观引导，激励企业在智慧体育场馆建设中参与热情，以市场为导向，通力配合，尽量减少信息孤岛。一方面，政府根据实际情况，通过加大相关企业资本和社会团体对智慧体育场馆投资、税收、能源等政策倾斜，建立智慧体育场馆融资平台，来鼓励企业资本投入智慧体育场馆各个方面的建设运营，发挥各界资本市场力量，助推多元化发展格局。另一方面，政府要明确智慧体育场馆的发展战略，把智慧体育场馆建设与城市发展蓝图充分结合，遵从城市发展要求，加强对智慧体育场馆建设的全程把控，建立完善的法律法规，制定行业标准和设计管理完整科学体系。因为智慧体育场馆的建设涉及的政府部门和社会行业众多，需要职能部门充分发挥指挥协调作用，建立纵向、横向的联系机制，纵向上与政府其他部门保持持续密切沟通，横向上与社会企业和投资资本在方案需求等方面建立业务评价监督，合理管控，统一步伐，确保智慧体育场馆建设科学有序发展。智慧体育场馆尚属于新鲜事物，在体育场馆智慧化浪潮下企业应勇于创新，以人民为中心优化服务体验，以质量为重心提升运营标准，灵活运用数据和人才强化场馆经营效益和管理决策，根据内外部体育资源谋划特色性的可持续发展之道。此时政府应主动承担建设管理责任以及场馆运营方、投资方利益的义务，避免重复无用功。打破传统体育场馆的建设思维，建立统一监管体系，充分发挥各方人员价值，政府宏观主导市场微观调控，使智慧体育场馆在为人民、地区带来美好生活的同时，加速经济效益的转化。

4. 加强培训，人才专业化

体育场馆的传统管理模式和人员组成已经不适应智慧体育场馆的需求，管理模式的变动和场馆设备系统的更新，给场馆工作人员带来了新的要求，管理人员的增长和普通人力员工的减少成为当下普遍的方向。智慧体育场馆急需的便是对体育专业、体育场馆管理和现代信息技术都熟练掌握精通的复合型人才。需要加大人才的培养、引进符合现代智慧城市下体育场馆智慧化建设运营的复合型人才，建立人才管理队伍，制定公共体育场馆职称评定、考评激励等政策，为复合型人才营造良好的工作环境。促进智慧体育场馆复合人才队伍的扩建，为体育场馆智慧化建设提供坚实的基础，可以从人才引进和人才培养方面解决智慧体育场馆面临的人才紧缺问题。

首先，引进人才要有灵活的思路，通过增进与外界高校、企业等其他产学研机构的联系合作，从信息科技、运营、文创等跨专业的体育人才中掌握成长、流动的行业规律，创造良好的工作晋升环境，吸引招聘智慧体育场馆需要的复合型人才，为智慧体育场馆建设提供智力基础。其次，在人才培养方面，对场馆内部从业人员根据岗位和职位的不同和负责不同，通过不同层面、不同模式、不同渠道，从管理、营销、运维等方面进行交叉培训，在更多层次和专业加强学习和交流，实现场馆内和场馆间相互培育，争取实现自我造血，尽早满足智慧体育场馆建设运营的需要，充足的复合型人才有助于体会体育场馆的运行稳健。积极引入、培养人才，打造一支满足智慧体育场馆需要的多复合人才队伍，为体育场馆智慧化建设的进行和落地后的运营阶段提供扎实的基础。

（二）运营服务路径实施策略

1. 充分引导，运动专业化

智慧体育场馆应满足现代人性化、便捷化的用户需求，满足不同人群参与场馆项目的特殊性、个异性需求，通过利用可穿戴智能设备、大数据、智能机器人等技术，进行用户体制动作监测，引导用户做相应的科学动作。

（1）在用户参与场馆内健身锻炼时，通过客户自身状况提供专业引导方案，在锻炼进行时通过物联网、穿戴设备对身体指标实时监控，记录锻炼过程中各项身体数据、运动轨迹，通过画面捕捉、大数据技术在出现动作、心率等偏差较大时提供修正指导，通过智能设备、大数据、云计算等技术的结合，可以在用户锻炼时收集相关数据，在锻炼完成后自动生成运动报告，通过线上反馈给用户，还可以有针对性地制定运动处方、健康指导，增加用户对身体健康的了解和参与运动的兴趣。建立数据库，把锻炼记录上传整合，分析锻炼喜好、锻炼习惯，精准提供锻炼方案，为参与智慧体育场馆锻炼提供充足的专业引导。

（2）在用户运动受伤时，根据锻炼记录和身体状态，提供相应运动处方，通过云技术、大数据等多渠道、AI仿真、24小时远程分享到用户端，或根据场馆内相应专业人才线下安排恢复课程，并做好运动恢复管理，为身体恢复提供专业的指导。

2. 创新融合，赛事精彩化

在体育赛事举办过程中，要加强赛前预订、竞猜互动，提升赛时观赛体验，做好赛后人员疏导、赛事衍生经济、体育社群工作。从体育场馆智慧化建设的角度，主要通过AR、VR、5G、音视频管控、图像分析等技术融合LED显示系统、扩声系统、转播录播系统、时钟系统、赛事系统、智能照明系统、比分统计系统等，提升观看者和参赛者的参与体验和赛后工作。例如，在NBA中，中央斗屏已成为标配，加上场地环屏、延时回放系统、智能照明系统的配合，使现场的运动场景生动有激情，全方位吸引线上线下观看比赛的观众，提高参赛人员、观赛人员情绪，使场馆氛围高涨。

2018 年俄罗斯世界杯运用 VAR 技术辅助裁判判决，并且在比赛用球里安装 NFC 芯片监测足球飞行轨迹。中央抖屏链接了转播系统、赛事系统、比分系统等，可以完成比赛时精彩时刻、赛况信息、实况直播、观众互动等多种工作，不仅能满足专业比赛的需求也能为文艺活动提供更生动的舞台。场内环形屏、场外 LED 屏以及智能照明设备，既可以为体育比赛或文艺活动提供画面信息补充，也可以为参与者提供行程引导，还可以铺放租赁广告，在提升观看体验的同时保证场馆运行效率，还开发场馆资源带来营收效益。赛事作为智慧体育场馆的重要功能，不仅是国家地区名片的打造，也是场馆业务的重要组成，把场馆内智能设施有机地与赛事相关系统、显示系统等结合在一起是提升赛事演出精彩程度、观众满意度的重要实施策略。

3. 完善步骤，服务人性化

建设智慧体育场馆，是实现体育治理体系和治理能力现代化的重要组成部分。我国智慧城市建设开展较晚，体育场馆智慧化建设案例相对较少，国外的相对较多。根据对国外的智慧体育场馆建设的成功案例分析，在国内体育场馆智慧化建设中也应注重体育场馆的智慧化管理，通过对终端设备的升级搭配和系统平台的人性化对接，摒弃复杂的入场体验程序，减少用户的操作流程，既可以为不同需求、不同水平的人们提供个异性、多样化的体贴服务，增加参与体验，提高人民参与智慧体育场馆的满意度，也可以为其他地区体育场馆智慧化服务建设提供参考借鉴意义。

总的来说，从实时信息、便利服务、互动参与三方面提升人民的参与体验，通过信息发布系统、停车管理系统、云支撑，用户在线上预约之后进入场内可以根据引导选择停车地点和行走路线，并将场内信息、开放时间、节目列表等推送到用户的手机上，将场馆内资源共享给用户。通过人脸识别、二维码储物柜、线上消费等可以使用户沉浸式享受智慧体育场馆，还可以做到无接触服务。用户经过线上注册、线上场地预订、停车引导、人脸识别进场、二维码自助储物柜、线上消费、场地引导、锻炼记录收集发送、运动报告和运动处方建议发送给用户，这一套完整的高度自助的流程，不仅降低了场馆人员的投入，也降低了体育场馆成本，更加强了智慧体育场馆与用户的连接，提高场馆运行效率，使服务更加人性化，提高用户体验。

（三）管理保障路径实施策略

1. 整合平台，管理智慧化

智慧体育场馆应该从整体出发，加大体育场馆智慧平台建设力度，把各子系统与场馆内环境设施统一整合，建设体育场馆数据库，做到线上数据集成实时统一监管，搭建服务可视化小程序提高便利服务和场馆利用率。例如，根据场馆运营情况国内体育场馆智慧化建设，可分为三种类型：一是传统老旧场馆改造，具备体育场馆的基本功能、基础环境设备，没有智能设备和智能数字平台的，管理人员用较老的方式管理场馆；二是近年新建改造完成的场馆，具备体育场馆的基本功能，智能系统、平台有所建设但整合不完全，没有云端办公预约等功能，现场工作人员少部分被取代；三是正在规划建设或已经建设完成体育场馆智能化建设，具备全面的系统整合，智慧体育场馆综合管理平台与子系统整合完成，管理人员人数占比最多，场馆经营状况最好。

所以建立一个互联互通、运行稳定、管理严密、数据严谨的智慧体育场馆管理平台是现阶段体育场馆智慧化建设的主要方向，表现在：①对于场馆业务系统，对场馆内人流量、收入等经营情况数据采集系统整合，并生成历史变动记录，有利于决策管理人员做出调整对策；②场馆管理系统中，对场馆内环境监测系统、财务系统、安防系统等系统整合，建立可视化管理平台，对场馆实时维护，在发生异常情况下迅速做出动作；③场馆服务系统，线上用户注册、预订和消费等系统与线下人脸识别、停车管理、行程引导等整合，方便用户享受智慧体育场馆一条龙服务，提高服务水平；④以大数据、人工智能等为基础，实现场内系统平台的充分感知、自我学习以及自主决策、智慧管理。智能化不等于智慧化，拥有自我感知和自主决策能力，像人的大脑一样学习、分析场馆内的每个角落，对场馆发生的异样情况，可以自主解决，才是建设智慧体育场馆的目标。通过整合场馆内平台，建立统一综合管理平台，消除信息孤岛、增加场馆效益、提供高质量服务，最终实现智慧体育场馆的静态管理和动态运营的目标。

2. 管控风险，信息安全化

安全保护系统作为信息安全的守门人，在平台搭建中必须是重要的位置。满足公众智慧化体育需求，需要有效解决智慧体育场馆的数据安全问题。首先，智慧体育场馆要建立完善的数据安全保障体系。一方面要加强数据安全管理。联合技术供应商制定统一的数据安全标准和安全规范，对数据实施有效监管，降低泄露风险；另一方面要加强用户个人数据的保护。加强对数据收集行为的管控，避免盲目性、违规性的数据收集。建设完善的传输系统，规范数据处理方式，避免数据泄露，保护消费者隐私。鼓励场馆合理开展营销的同时，杜绝滥用数据的过度营销。

安全保护体系主要有四部分重点需要关注：一是完善场馆网络安全应急预案，建立场馆关于安全事件的应急管理机制，在发生安全紧急事故时，立即启动应急预案，对系统保护和报警侦查；二是建立符合相关质量管理体系的智慧体育场馆网络安全综合管理平台，与 ITIL 运维系统充分链接共享；三是在智慧体育场馆内针对包括反垃圾邮件系统、网络防病毒软件、主页防篡改软件等非法破坏动作的扫描查处和网络安全监察功能，完善信息安全的应急处理机制；四是加强对信息安全的风险评估工作，对体育场馆重要信息系统进行定期安全风险评估，提高安全风险预防能力。

因此，在体育场馆智慧化建设中，在建立完善的网络信息安全系统，建立科学的应急预案，建立符合体系标准的综合管理平台，并对易产生安全行为的动作精准处理，加强对系统运行时风险评估工作，可以在提供优质服务的同时，为用户带来安全体验。此外，还需加强对消费人群的技术关怀，特别是老年人、残障人群等弱势群体依然面临着数字鸿沟问题，需要社会给予他们更多的数字帮扶，从而实现场馆"技术"与"人文"双轮驱动的智慧化升级。

3. 持续发展，监管绿色化

绿色经营作为全球的热点议题，智慧体育场馆的建设也应遵循这一原则。智慧体育场馆作为未来发展的主流方向，建设绿色环保、可持续发展型场馆是当前的重要任务。

在智慧体育场馆的智能化建设中，应重视对智能环境系统的监管。场馆内水、电、暖、风、照明等系统应建立智能能耗管理系统，实现可视化的实时监管，生成状态历史记录，并对异常数据、设备关闭遗忘等情况进行报警通知。通过数字孪生技术和大数据分析，对场馆的营业情况进行预测，以保障场馆顺利运营的同时，降低能源消耗和碳排放。

运用新材料和新方案可以有效减少能源消耗。例如，五棵松智慧场馆采用了气膜体育馆技术，这是一种特殊的展翼气膜结构，配备智能化的风机设备，通过调节气膜内的气压来实现节能环保，具有安全稳定、多功能使用、成本低、使用寿命长等特点。气膜场馆的使用在体育场馆中越来越广泛。气膜场馆在运行过程中，通过压缩空间，大幅降低了制冷和取暖的费用，据估计能耗可减少约 75%。

　　智慧体育场馆通过智慧能源系统和智慧场馆业务系统，有效管控能源使用和碳排放，降低运营成本。这不仅是响应当前社会对环境保护的需求，而且是对我国经济发展和人民对美好生活需要的积极贡献。

第三章　体育赛事的经营管理与发展创新

第一节　体育赛事及其绩效评价

一、体育赛事及其经济特征

体育赛事是指以运动项目为内容，以争取优胜为直接目的，在裁判员的主持下，按统一的规则要求，有计划组织与实施的运动员个体或运动队之间竞技较量并与之相关的一系列活动的总称。"在全球化浪潮的推进下，体育赛事已成为国际交流与合作的重要载体（李灵玉，2024）。"传统意义的体育赛事侧重赛场的竞技较量过程，而体育赛事是一项复杂的社会活动，不仅包括体育比赛的筹备、管理、服务、实施等各项组织活动，还涉及门票促销、运动员包装、媒体推广、赞助与广告策划、标志品开发等各种经济活动。所以，现代意义上的体育赛事已经发展成为一项融合社会政治、经济、文化等诸多要素的综合性的活动。

（一）体育赛事的划分依据

1. 参赛者的年龄

体育赛事可以分为青少年比赛、成年比赛和老年人比赛。这种分类方式主要考虑到不同年龄段人群的身体素质和心理特点，以便为不同年龄段的人提供合适的竞技平台和体育锻炼机会。

2. 参赛者的行业或身份

体育赛事可以分为职工运动会、农民运动会、学生运动会等。这种分类方式旨在促进不同社会群体间的交流与竞技，同时增强社区和单位内部的凝聚力和团队精神。

3. 比赛包含的项目数量

体育赛事可以分为综合性比赛和单项比赛。综合性比赛包括多个项目，通常涵盖更广泛的体育运动内容，而单项比赛则专注于某一特定体育项目的竞技。

4. 比赛组织方式

体育赛事可以分为集中组织的比赛和分散组织的比赛。集中组织的比赛通常集中在一个地点和时间进行，如大型运动会；而分散组织的比赛则可以在不同的场地和时间进行，如联赛和巡回赛。

5. 比赛的区域规模

体育赛事可以分为地区性比赛、全国性比赛、洲际比赛和世界大赛。不同规模的比赛涵盖的参赛者和观众范围各不相同，对于体育运动的传播和推广起着重要作用。

6. 比赛的形式和任务

体育赛事可以分为各种不同的形式，如运动会、冠军赛、锦标赛、对抗赛、擂台赛、邀请赛、选拔赛、等级赛、友谊赛、表演赛、达标赛、积分赛、大奖赛、巡回赛等。每种形式都有其特定的竞技目标和赛事规则，适合不同层次和目的的体育活动。

7. 比赛的性质

体育赛事可以分为职业性比赛、商业性比赛和业余性比赛等。这种分类方式主要考虑到比赛背后的组织和经济动机，以及参与者的专业程度和收益目标。

（二）体育赛事的市场化

1. 体育赛事市场化的本质

体育赛事市场化的本质在于将体育赛事视作一种符合市场经济规律的商品，通过市场化的方式进行运作和管理。这种市场化运作不仅是将体育赛事作为一项竞技活动进行组织，更重要的是将其视作能够产生观赏价值和商业媒介价值的商品，通过市场交换来实现其商业化的价值。

体育赛事市场化运作的核心在于赛事的组织者以生产者的角色，将赛事作为一种服务产品，为观众提供高水平竞技体育表演的机会。这些表演不仅是运动员的比赛，更是一种为观众提供审美享受的服务。在市场经济的框架下，观众、企业及其他社会组织成为购买体育赛事产品的消费者，而赛事的组织者则通过各种策略和手段来开发和营销这些体育服务产品。

体育赛事之所以具有市场化的潜力，是因为它们能够聚集大量观众，形成大规模的公众场合，具备了形成广泛社会关注和影响的能力。这种影响力不仅局限于赛场内外，还能通过各种媒介和平台进行传播，扩大其商业媒介价值。因此，体育赛事的市场化并非简单地将其作为运动表演的一种形式，而是将其视作能够产生广泛社会效益和商业利益的重要经济活动。

2. 体育赛事市场化的特征

（1）体育赛事的观赏价值与市场价值相互影响。观赏价值作为体育赛事市场化的基础，直接决定了赛事能否在市场上获得成功以及其程度的高低。赛事的市场化要求赛事经营者提供高质量的赛事产品，以满足广大观众的需求和期待。市场的反馈和认可将进一步影响赛事的观赏价值，形成良性的市场反馈循环。

（2）体育赛事具有过程不可复制的唯一性。作为服务形态的产品，体育赛事的生产与消费具有不可重复性，每场赛事都是独一无二的体验。这种独特性使得每场赛事都有其独特的市场吸引力和价值，也增加了赛事的稀缺性和观众的参与欲望。

（3）体育赛事具有极强的实效性。赛事作为服务产品，其生产和消费几乎同时进行，赛事结束后，观众的体验和效果随之消逝。赛事的无形资产，如冠名权和广告发布权，通常也有限定的时间有效期，这种即时性和逝去性使得赛事的市场化运作更加注重时机和效果的把握。

（4）体育赛事的产品价格具有不确定性。赛事的主要产品是服务和无形资产，其价格受多种因素影响，如赛事的时间、地点、规模以及参与的队伍或运动员等。这些因素使得赛事的价格难以预测和稳定，需要赛事经营者具备灵活应变的能力，根据市场需求和条件进行价格策略的调整和优化。

（三）体育赛事的经济特征

现代体育赛事的经济特征主要表现在以下方面：

1. 体育赛事的规模和耗资显著增加

随着社会生产力的发展和国际化进程的加快，体育赛事规模不断扩大，竞技水平不断提升。从世界性的大型体育赛事到地方性的体育比赛，无论是赛事项目的多样性还是参与者的数量，都呈现出越来越庞大的趋势。赛事所需资金主要用于场地设施的建设和改造，这一领域的投资占据了大部分资金支出。

2. 体育赛事赞助的角色日益凸显

单靠政府的财政拨款难以支撑体育赛事的高昂经费，因此赛事主办方必须依赖企业、商业机构和财团的赞助和捐助。体育赛事本身作为一种具有广泛关注度和传播力的平台，吸引了众多大企业和品牌的赞助。这种赞助不仅是财务支持，更是一种通过赛事广告和品牌宣传来扩展市场、提升企业形象和产品知名度的战略投入。

3. 体育赛事的经营管理日益市场化

在市场经济条件下，体育赛事的组织和运作已逐渐采用市场化的经营手段。赛事组委会必须通过市场开发、策划和管理来最大化体育赛事的经济效益和社会影响力。这包括赛事的品牌建设、门票销售、广告收入、转播权收入等多方面的商业运作，以确保赛事的可持续发展和盈利能力。

二、体育赛事的运营管理

（一）体育赛事的运营策划

1. 赛事主办者

（1）建立体育赛事组织机构。体育赛事组织机构是体育赛事经营管理的主体。一个体育赛事组织机构包括筹备委员会和组织委员会。成立体育赛事组织机构必须明确体育赛事组织机构的性质及意义。体育赛事组织机构分为营利性组织机构和非营利性组织机构。因此，体育赛事组织机构具有发展赛事的职能，是实现规模效益的必要条件。

（2）计划体育赛事。当一项赛事被确定后，必须制定竞赛规程。竞赛规程是赛事计划的重要组成部分，是竞赛的组织者和参加者必须共同遵循的法则。竞赛规程的主要内容包括竞赛的名称、时间、地点、项目、参赛资格、比赛方式、仲裁委员会的组成和有关的参赛经费要求等。

（3）遴选举办地和承办者。遴选举办地的目的是确定最适宜的承办者。确定承办者或者承办地主要有两种方法：一是有条件的成员轮流依次承办比赛；二是会员组织申请承办或投标，由体育组织按照一定的规则和程序确定承办者。

2. 赛事承办者

（1）进行竞赛市场调研，制定赛事运营战略。体育赛事的承办者在赛事举办之前要进行体育赛事市场需求的调查研究。目的是为了努力把握体育市场上的体育消费者，特别是观赏型体育消费者的消费需要及消费热点，并据此制定相应的体育赛事经营的战略，确立体育赛事的经营目标及经营方针。这些对于各类商业性体育赛事的承办者来说则显得更为重要。

（2）编制体育赛事集资计划，筹措体育赛事所需资金。现代体育赛事的组委会或专业的体育赛事承办机构，其下属一般均设有专门的集资部，具体负责体育赛事所需资金的筹措。集资部的主要任务就是根据体育赛事规模的大小及所需经费的预算来编制集资计划、招商计划，落实资金筹措的渠道、方法和措施，以确保体育赛事所需资金的及时到位及体育赛事的如期举行。

（3）编制体育赛事经费支出预算，做到量入为出。体育赛事的承办者要根据体育赛事经费筹措的计划来编制相应的体育赛事经费支出预算。编制体育赛事经费支出预算的原则是：既要保证体育赛事各项合理开支的需要，又要贯彻勤俭节约、增收节支的精神；既要加强财务监督和管理，又要注意提高资金使用的效益，力求收支平衡、略有盈余。

（二）体育赛事的运营发展

随着我国体育产业的不断发展，作为体育产业的核心组成部分，体育赛事以其独特的魅力受到越来越多的关注。在经济全球化、国内产业结构升级以及居民需求结构调整等众多因素的综合影响下，我国体育赛事呈现出其特有的发展趋势和特点。

1. 赛事与城市发展融合化

随着城市营销时代的到来，体育赛事已成为国内外各个国家和城市竞相追逐的对象，尤其是奥运会和足球世界杯等超大型赛事，竞争尤为激烈。各个国家和城市都希望通过举办体育赛事拉动或促进城市的飞速发展。目前，体育赛事已成为旧城改造和新城建设的催化剂，是城市功能整合、规划布局调整的重要契机，在社会文化和经济发展两个方面为城市的可持续发展提供了内在动力。在城市化进程不断加快的中国，体育赛事也将逐步被诸多城市所青睐，成为城市名片上的重要字段、城市印象中的突出元素以及城市欲望的诉求之一。

2. 赛事运营方式标准化

体育赛事具有某些共同的特点和属性，且多数赛事具有稳定的举办周期，因此，从赛事稳定、高效、可持续发展的角度出发，赛事的管理与运营需要实现标准化。赛事运营的标准化主要体现在两个方面：一是竞赛管理的标准化，即竞赛计划、组织、协调和控制等环节的规范化与标准化；二是赛事运作的标准化，即赛事资源开发、媒体服务及商业运作等工作的标准化。

长期以来，由于我国体育管理体制等因素的制约，我国体育赛事的运营缺乏制度化、标准化的意识，赛事运作不规范、赛事运营效率不高、赛事资源开发的力度和效果不大，严重制约了我国体育竞赛表演业的健康发展。从世界体育竞赛表演业的运营模式看，竞赛管理、赛事商业开发、志愿者管理、媒体服务等方面均为我国提供了相对成熟的经验，值得我们吸收和借鉴。

3. 赛事市场要素全球化

体育赛事市场要素的全球化是指运动员、教练员、裁判员、赛事观众、媒体、志愿者、运作团队和赞助商等要素的全球流动。体育竞赛表演市场的全球化是后奥运时期我国体育竞赛表演市场的一个显著特点和趋势。

同时，赛事观众全球流动的趋势也日益明显。国内联赛的异地球迷、国际赛事的异国观众，带动的不仅是赛事产业的自身发展，还包括旅游及相关产业的兴盛。在经济全球化趋势的推动下，要实现我国体育竞赛表演业的持续发展，就必须借助全球化的人力资源，借助市场要素的全球流动创造体育赛事价值的最大化。

4. 赛事运营人才专业化

体育赛事的发展需要专业的赛事运营人才。随着我国体育管理体制的改革与完善，体育赛事正逐步由"政府办"向"社会办"的运行模式转变，体育赛事的运营主体将逐渐趋于多元化。这集中体现在两个方面：一是单纯由社会力量举办的体育赛事将越来越多，更多专业化的赛事运营公司和中介机构将加入体育赛事供给中；二是由政府主办、社会力量承办或协办的体育赛事将日渐频繁。

随着赛事运营主体的专业化，打造一支人员配备合理、专业知识扎实、业务技能熟练、组织管理高效的运作团队已成为许多赛事主办方的首要任务。赛事人才队伍的培养不仅需要高校等相关人才培养机构的参与，还需要赛事主办机构的积极参与，前者向赛事人才授予专业知识，后者则提供实践经验，两者的有机结合是赛事人才队伍专业化的重要前提。

三、体育赛事的经营绩效评价

体育赛事绩效是体育赛事的经营主体通过体育赛事的策划包装、无形资产开发，以及比赛实施过程，对体育组织及社会所产生的影响。体育赛事经营绩效是指从体育赛事承办之日起，体育组织或经营者在一次体育赛事中的资产营运和财务收益方面的经营成果。

（一）体育赛事经营绩效评价

进行体育赛事的经营绩效评价，对社会大众、体育管理部门而言是极其有益的信息，是有关部门或组织决策赛事发展的重要依据，是体育组织申请政府拨款、向企业提出赞助要求和进行社会募捐活动的重要沟通信息，也是赛事经营管理者优化经营方式提高经济效益必需的反馈信息。

1. 体育赛事经营绩效评价的内容

一般营利性体育组织或经纪公司组织策划的若干支运动队或部分运动员参加的比赛，涉及的财务评价科目及其主要内容如下：

（1）主营业务。主营业务是体育赛事经营的核心，主要包括比赛的组织实施和门票收入、广告权的销售和收入，以及转播权的销售和收入。这些项目不仅直接影响了赛事的财务收入，也反映了赛事在市场上的吸引力和商业化程度。通过有效的比赛组织、合理的门票销售策略以及广告和转播权的高效运作，体育赛事能够获得稳定的经济收益。

（2）其他业务。体育赛事的其他业务如赛事场馆的零售服务、停车场服务，以及赛事包装材料的销售等。这些额外的业务项目虽然在整体收入中可能占比较小，但它们的有效管理和运营也能为赛事增加附加值，提升赛事的整体服务质量和观众体验，从而间接促进主营业务的增长。

（3）相关费用。

1）营业费用。营业费用涵盖了赛事运营过程中的各种支出，如场馆租赁费用、安保费用等。

2）财务费用。财务费用则是为了筹集赛事资金而产生的利息支出、汇兑损益和金融机构手续费用。

3）管理费用。管理费用则是为了保证赛事顺利进行而产生的各项管理成本。这些费用的有效控制和管理对于提升赛事的经营效率和盈利能力至关重要。

（4）销售税金及教育费附加。销售税金包括增值税、营业税、消费税、城市维护建设税，以及教育费附加（非税）。对体育赛事表演行业而言，销售税金主要是营业税、城市维护建设税和教育费附加。

（5）所得税。所得税是体育组织因赛事的经营运作必须缴纳的税金。营利性体育组织按照应缴所得税计算每月或季度预缴，年终汇算清缴。由于体育比赛并非每月或季度都有，因此体育组织按一届或一次赛事缴所得税。

2. 体育赛事经营绩效评价的指标

体育赛事作为体育产业中的重要组成部分，其经营绩效评价是体育组织或经营者必须重视和实施的关键活动。评价赛事经营绩效主要从财务效益方面进行，涉及多个关键指标来全面衡量和分析赛事的经济运作和管理成果。

（1）利润。利润作为赛事经营绩效评价的核心指标之一，直接反映了赛事经营者在一定会计期间的经营成果。利润包括营业利润、投资净收益、补贴收入以及营业外收支等多个方面，它们共同构成了赛事经营者的实际盈利状况，是衡量赛事经济效益的基础指标。

（2）净资产收益率。净资产收益率计算体育组织在一次赛事或一定时期内的净利润与平均净资产的比率，直接反映了体育组织利用自有资本投入赛事运营后获取的净收益能力。净资产收益率不仅能够评估投资的回报率，还能帮助判断赛事经营者对资本的有效利用程度，对经营者的财务决策具有指导意义。

（3）总资产报酬率。总资产报酬率指标衡量体育组织在一次或一系列赛事，或者特定时期内，获得报酬总额与平均资产总额的比率。总资产报酬率能够全面反映体育组织整体资产的获利能力和投入产出状况，包括净资产和负债在内的全部资产。通过分析总资产报酬率，可以评估体育赛事经营的整体效益和资产运营的效率，为经营者提供重要的财务管理依据。

3. 体育赛事经营绩效评价的方法

（1）比较法。比较法通过对不同时间段、不同赛事或不同体育组织经营绩效指标的对比分析，揭示出其中的差异和问题。比较法的主要方式包括：

1）实际指标与计划指标比较。将当前赛事经营的实际指标与事先设定的计划指标进行对比，评估经营执行的情况和是否达到预期目标。

2）本届赛事与历届同类赛事比较。将当前赛事的经营指标与历届同类型赛事的经营指标进行对比，分析赛事发展趋势和管理水平的改进。

3）体育组织内部与外部组织比较。将体育组织自身的经营绩效与其他类似体育组织进行对比，发现差异并从中获取借鉴和改进的启示。

（2）比例法。比例法是通过计算赛事经营过程中相关指标的比例关系来评价绩效的方法。比例法主要包括结构比例法、时期比例法。

1）结构比例法。分析某一经济指标内部各个组成因素的比例关系，以了解各因素对整体指标变化的影响程度。例如，赛事收入中不同来源（如广告收入、门票收入等）在总收入中的占比变化，有助于识别收入结构的变化趋势和重要性。

2）时期比例法。比较不同时间段同类指标的比例变化，分析赛事经营在不同时期的发展和变化情况。通过时期比例法可以发现经营策略的有效性和赛事管理的长期趋势。

（3）综合分析法。综合分析法是在综合考虑各种影响因素的基础上，对赛事经营绩效进行定性或定量分析的方法。综合分析法结合了比较法和比例法的优点，通过设定的评价标准对赛事经营绩效进行全面评估。综合分析法适用于需要考虑多个因素相互影响的复杂情况，能够帮助管理者全面理解赛事经营的各个方面，从而制定更为全面和有效的经营策略。

（二）体育赛事经营绩效的因素

体育赛事作为体育产业中的重要组成部分，其经营绩效受多方面因素的影响，包括社会文化、宏观经济形势、管理体制、政策法规、经纪行业和社会保障等多个方面。这些因素共同作用，影响着体育赛事市场的发展潜力和经济效益。

1. 社会文化

社会文化的发展不仅为体育赛事市场创造了良好的氛围和环境，如全民健身计划和奥运争光计划的实施，也促进了体育赛事行业规范化和专业化的进程。例如，北京奥运会的成功举办，提升了国内体育赛事的国际形象，推动了赛事管理水平的提升，促进了我国体育赛事市场与国际接轨。

2. 宏观经济形势

经济持续稳定增长有利于体育消费市场的扩大和赛事表演的投入增加，从而推动了体育赛事市场的健康发展。然而，市场需求不足或经济下行压力可能导致赛事市场的不景气，需要赛事经营者灵活应对市场变化，调整策略以提升市场竞争力。

3. 管理体制

管理体制作为影响体育赛事经营的重要因素，直接关系赛事表演市场的管理效率和运行机制。在市场经济体制下，体育赛事通常由各单项运动管理中心或地方体育局负责管理，这种政企一体的管理模式影响了赛事市场的运作效果和管理规范。

4. 政策法规

政策法规的制定和实施直接影响体育赛事市场的发展和规范化程度。尽管我国缺乏针对赛事表演市场的专门法规，但相关的法规性文件和规章制度已部分涵盖了赛事表演行业的管理要求。然而，仍需完善相关法律法规，以进一步规范赛事市场行为，保障市场的健康有序发展。

5. 经纪行业

经纪行业在体育赛事市场中的角色日益凸显。经纪人制度的实施带动了赛事和运动员经纪业务的发展，促进了赛事市场的专业化和市场化程度。良好的经纪机制能够有效提升赛事的市场吸引力和运营效率，对赛事经营绩效产生积极影响。

6. 社会保障

社会保障体系的建设对体育赛事经营绩效同样具有重要意义。运动员的社会保障包括伤残保险、退役后的失业保险以及升学就业保障等，这些保障措施不仅关系运动员的生活福祉，也直接影响赛事的运营稳定性和长远发展。

（三）体育赛事经济效益及提升

努力提高赛事的效益是体育赛事经营管理的根本目的。体育赛事效益主要反映在社会效益和经济效益两个方面，在这里主要讨论提高体育赛事经济效益的途径。

体育赛事的经济效益可以用举办赛事的投入与举办赛事的收入的比值来表示。举办大型赛事的投资方式包括：一是直接赛事投资；二是赛事场地设施基建投资；三是赛事所需的市政建设投资。在计算效益时通常以第一项投资为计算标准。在收入方面一般有赞助费收入、广告收入、门票收入、电视转播收入等。体育赛事所以具有经济效益，是由体育赛事的商品价值决定的。而商品价值主要体现在赛事具有较强的观赏价值和很好的广告宣传价值上。体育赛事经济效益的高低与体育竞赛的项目、级别、对象、水平有着密切的关系。

体育赛事的经济效益如何，不完全取决于体育赛事本身，在很大程度上还要取决于体育赛事制度、计划、赛事策划和赛事推广。体育赛事可以通过主观的努力提高经济效益，而努力提高效益的主要途径是提高赛事的经营管理。

1. 提高体育赛事计划的科学性

科学合理的赛事计划能够减少不确定性因素的干扰，确保赛事的顺利进行和经济效益的实现。赛事计划应该明确赛事的目标和策略，合理分配资源，有效控制成本，并及时调整策略以适应市场需求和变化。

2. 提高体育赛事的社会化程度，努力拓宽筹资渠道

通过与企业、财团等社会力量的合作与赞助，可以有效扩大赛事的资金来源和支持，降低赛事举办的财务风险。社会化的赞助模式不仅可以帮助筹集赛事经费，还能通过广告权、转播权等形式实现赛事的商业化运作，进一步提升赛事的经济效益。

3. 做好赛区管理工作，提高赛事质量

一个良好的赛区管理能够提供优质的赛事环境和服务，吸引更多的观众和赞助商参与赛事。有效的赛区管理包括场地设施的维护与改善、安全保障措施的落实、赛事组织运作的流程优化等方面，这些都是提升赛事吸引力和经济效益的重要保障。

4. 组织好赛场观众

经营者应该通过科学的市场调研和宣传策略，吸引并组织好赛场观众。良好的观众参与不仅可以增加门票销售收入，还能为赛事带来更多的曝光机会和扩大社会影响力，从而间接提升赛事的商业价值和经济效益。

5. 加强体育赛事财务控制

财务控制包括制定详细的预算和费用管理计划、严格控制赛事运营中的各项支出、确保资金使用的透明和高效等。只有通过科学的财务管理，才能确保赛事的经济活动在预算范围内稳健运行，最大化地实现经济效益。

6. 防范体育赛事的风险

体育赛事面临的风险包括人员、财务、场地安全等多个方面，这些风险一旦发生将对赛事的经济和声誉造成严重影响。因此，赛事经营管理者必须建立完善的风险管理体系，采取有效的预防和应对措施，以确保赛事运营的顺利进行和经济效益的实现。

第二节　体育赛事的营销发展与策略

一、体育赛事营销的特征

体育赛事营销的本质是品牌通过体育赛事为自己谋求利益的行为，既包括使赛事本身产生利益的行为，也包括借助赛事推广其他产品和服务以谋求利益的行

为，其主要内容是将公司的产品和资源重新组合，注入体育赛事元素。因此，品牌和企业被赋予了体育文化，这导致了消费者的情感偏好，从而实现了企业的竞争优势。体育赛事营销被大众接受的程度较高，因此备受各大品牌广告主的青睐，其主要原因有以下几点：

（一）体育赛事营销的效果自然、易于被消费者接受

体育赛事营销的呈现方式是边缘化的，它不像硬广告那样，在电视、网络等媒体中，直接介绍产品和服务，商业和盈利的特性那么明显。它的实质是一种软性广告，消费者在关注体育赛事时出现在消费者关注点的边缘。针对企业的目标消费群体，借用了目标消费群体对体育赛事持积极和乐于接受的态度，联系体育赛事和品牌，使得品牌也能够较为轻易地被消费者所接受。

（二）体育是不分国界的，体育赛事营销传播范围大且受众具有针对性

我们都认可艺术文化是世界的，是不需要文字翻译的，他们有自己的一套全球通用的语言。作为艺术文化的一部分，体育赛事更是跨国界、跨年龄、跨种族、为全世界人民所喜爱的活动。体育赛事往往具有很大的影响力，一些常规的体育赛事，往往会吸引当地体育爱好者购票观看，更不要说国际性的体育赛事，不但会聚集成千上万的体育爱好者，而且也会有众多媒体争相报道。在这种热情高涨的氛围中，公司很容易与受众产生情感上的联系，从而进行有效的沟通，取得事半功倍的效果。

（三）体育本质上是一门公益事业，所以体育赛事营销也具有其公益性

体育事业是现代人类社会共有的一项事业，因而品牌在进行体育赛事营销的过程中也具有社会性，可以被看作推动体育事业发展且对社会有益的举措，是一种具有社会责任感的行为。以蒙牛与 NBA 携手开展公益活动为例，蒙牛的口号为"每天一斤奶，强壮中国人"，且 NBA 一直致力于"篮球无疆界"和"NBA 关怀行动"，这使得两个品牌的公益性品牌诉求不谋而合，于是在 2007 年两者签约，在促进公益事业和青少年健康水平的提高上做出同步动作。双方签约后，采取了一系列公益性举措，如 NBA 球员加入蒙牛为全国 500 所小学免费送奶的行动中，助力蒙牛的体育赛事营销大获成功。蒙牛的产品是关爱青少年、增强青少年体质的牛奶，而 NBA 则是发育中的青少年梦寐以求的，两者的品牌契合度和公益性都非常高，极大程度上提高了体育赛事营销成功的可能性。

二、体育赛事营销的发展模式

体育赛事营销是现代企业推广品牌和产品的重要方式之一，具有巨大的发展

潜力和前景。在我国，体育赛事营销模式的发展历程和国际趋势大致一致，经历了从简单的赞助和冠名到多样化的新媒体营销形势的发展过程。

（一）冠名与赞助为首选操作

"随着体育赛事影响力的不断扩大，为各种体育赛事提供赞助成为体育用品企业进行市场营销的主要手段（彭春梅和叶文平，2012）。"企业通过赞助体育赛事或冠名比赛，能够在赛事期间获得大量的曝光机会，提升品牌的知名度和美誉度。冠名与赞助不仅是一种公共关系活动，更是一种软性广告形式，能够在观众关注体育赛事的同时，将品牌信息自然地传递给消费者。

体育赛事赞助起源于 19 世纪的澳大利亚，经过百余年的发展，体育赛事赞助的规模和金额都得到了大幅提升。体育赛事冠名则是企业通过支付一定费用，获得在赛事名称中嵌入品牌名的权利，这种方式能够极大地增强品牌的曝光度和记忆度。随着全球化的发展，越来越多的企业认识到体育赛事营销的价值，积极参与到各类体育赛事的冠名和赞助中。

体育赛事营销具有高回报性的特点，投资收益率是普通硬性广告的 3 倍。这种高回报率吸引了大量企业投入到体育赛事的冠名与赞助中。随着竞争的加剧，顶级赛事的赞助权变得愈加昂贵，但这并没有阻止企业的投资热情，反而使得赞助权的争夺更加激烈。

国际顶级赛事如奥运会和世界杯的赞助权竞争尤为激烈。以国际奥委会的全球合作伙伴计划（TOP）为例，即使成为会员的门槛设定得非常高，仍有许多企业争相加入。在这种高门槛和高投入的背景下，企业不仅能够通过赞助获得巨大的品牌曝光，还能提升品牌的国际形象和市场竞争力。

我国品牌在国际赛事中的表现也非常突出，如海尔、伊利等企业通过赞助奥运会和世界杯等顶级赛事，成功提升了品牌的国际知名度和美誉度。这些企业的成功案例证明了体育赛事营销在提升品牌国际化方面的巨大作用。

（二）体育赛事广告为主流形式

体育赛事广告是企业通过在赛事期间投放广告，以提升品牌知名度和消费者购买意愿的主要手段。主要有以下形式：

1. 体育赛事单支广告

单支广告是指企业在体育赛事期间投放的一次性广告。这种广告可以与赛事内容相关，也可以无关，主要目的是在短时间内吸引观众的注意力。单支广告通常具有以下特点：

（1）瞬间冲击力强。单支广告利用短暂的广告时段，通过创意十足的内容和视觉效果，迅速吸引观众的目光。这种广告形式特别适合于在重要比赛的关键时刻插播，能够在观众注意力高度集中的时候产生强烈的冲击效果。

（2）成本相对较低。相比于系列广告，单支广告的投放成本相对较低，适合预算有限的企业选择。在一些小型或区域性的体育赛事中，单支广告更为常见，因为它们能够在有限的预算内达到较好的宣传效果。

（3）灵活性高。单支广告的投放时间和内容可以根据赛事的进程灵活调整。企业可以根据赛事的热点或突发事件，及时制作并投放相关广告，以抓住观众的注意力。例如，在赛事的高潮时刻插播具有相关性的广告，能够显著扩大广告的影响力，增强观众对其的记忆度。

2. 体育赛事营销系列广告

系列广告是指企业在体育赛事期间连续投放的多个广告，通过不断重复和深化品牌形象，增强观众的记忆和认知。这种广告形式通常具有以下特点：

（1）品牌记忆度高。系列广告通过在赛事期间的多次曝光，不断强化品牌形象和产品信息，能够显著提高观众的品牌记忆度。连续的广告轰炸让观众在潜移默化中加深品牌的印象，有助于提升品牌的知名度和美誉度。

（2）故事性和连贯性强。系列广告通常采用连贯的故事线或主题，通过多个广告片段逐步展开和深化品牌故事。这样的广告形式不仅能够吸引观众的持续关注，还能够通过完整的故事情节增强观众的情感共鸣和品牌认同感。例如，一些知名品牌在大型体育赛事期间，常常通过系列广告讲述一个连续的故事，使观众在观看比赛的同时，也对品牌的故事情节产生浓厚兴趣。

（3）覆盖面广。系列广告由于在整个赛事期间多次播出，能够覆盖到更多的观众群体。无论是赛事的早期阶段还是决赛阶段，系列广告都能够通过不断的重复曝光，确保广告信息传递给每位观众，最大限度地提高品牌的曝光率和传播效果。

3. 体育代言广告

代言广告是一种通过名人效应来增强品牌影响力的广告形式。在体育赛事营销中，企业通常会选择知名度高、形象正面的体育明星作为品牌代言人。这些体育明星因为在比赛中取得了优异的成绩，拥有大量的粉丝和广泛的社会影响力，他们的代言能够迅速提升品牌的知名度和美誉度。

体育明星作为代言人，不仅仅是在比赛期间为品牌进行宣传，他们的代言活动通常贯穿整个赛事的前期、中期、后期。例如，在赛事前期，明星通过社交媒体平台发布品牌相关内容，为即将到来的赛事预热；在赛事期间，通过电视广告、场内广告等形式为品牌站台；在赛事结束后，继续通过各种渠道宣传品牌，延续品牌热度。代言广告主要有以下方面的优势：

（1）提升品牌知名度。体育明星作为公众人物，他们的每一次亮相都会吸引大量关注。通过代言广告，品牌可以迅速在目标受众中提高知名度，扩大品牌的影响范围。

（2）增强品牌美誉度。体育明星通常具有积极向上的公众形象，他们在竞技场上的拼搏精神和体育精神与品牌的核心价值相契合，可以帮助品牌树立良好的公众形象，增强品牌的美誉度。

（3）促进产品销售。明星效应能够有效地转化为购买力。体育明星的粉丝群体往往会追随他们的偶像，购买他们代言的产品，从而带动品牌产品的销售增长。

4. 赛事元素参与产品设计

在当今竞争激烈的市场环境中，企业为了吸引消费者和提升品牌的市场竞争力，常常需要不断创新营销策略和产品设计。将体育赛事元素融入产品设计中，推出限量版产品，这是一种既能满足消费者多样化需求，又能提升品牌附加值和市场竞争力的有效策略。这种方法不仅能够增加产品的独特性和稀缺性，还能通过与体育赛事的关联性，增强消费者对品牌的情感共鸣和认同感。

（1）赛事元素与产品设计的融合。将体育赛事元素融入产品设计，首先需要企业深入理解目标体育赛事的特点和文化内涵。通过提取赛事的核心元素，如标志、颜色、吉祥物、运动员形象等，企业可以将这些元素巧妙地应用到产品的外观设计、包装甚至功能创新中，打造出富有赛事特色的限量版产品。

1）外观设计。企业可以根据赛事的主题和风格，设计独特的产品外观。例如，在足球世界杯期间，企业可以推出以足球、比赛场地、球队徽标等为设计元素的限量版运动鞋或服装，通过独特的外观吸引足球迷的关注和购买。

2）包装设计。限量版产品的包装设计同样重要。企业可以在包装上加入赛事的标志性元素和视觉符号，使产品在展示和销售过程中更加醒目和吸引人。例如，在奥运会期间，企业可以设计以奥运五环和举办城市地标为主题的包装，使消费者在购买产品的同时，也能感受到赛事的氛围和文化。

3）功能创新。除了外观和包装设计，企业还可以在产品功能上进行创新，结合赛事的特点，推出具有特殊功能的限量版产品。例如，企业可以开发专门用于观看比赛的智能手表，具备实时比分更新、赛事提醒等功能，使产品更加实用和贴近消费者的需求。

（2）限量版产品的市场策略。限量版产品作为一种特殊的产品形式，其市场策略需要精心策划，以确保能够最大限度地激发消费者的购买欲望和品牌忠诚度。限量版产品的市场策略主要包括以下方面：

1）稀缺性与独特性。限量版产品的核心竞争力在于其稀缺性和独特性。企业需要严格控制产品的生产数量，确保每一款限量版产品都具有独特的编号和证书，以增强产品的收藏价值和消费者的购买欲望。

2）精准定位与目标营销。限量版产品的推出需要针对特定的消费群体进行精准定位和营销。企业可以通过大数据分析，了解目标群体的兴趣和需求，制定个性化的营销策略。例如，在推出以篮球赛事为主题的限量版运动鞋时，企业可以通过社交媒体平台和篮球社区，进行精准的广告投放和互动，吸引篮球迷的关注和购买。

3）品牌联动与跨界合作。为了扩大限量版产品的影响力，企业可以与赛事主办方、知名运动员或其他品牌进行联动和跨界合作。例如，企业可以邀请知名运动员参与产品设计和推广，或者与赛事官方合作，推出联合品牌的限量版产品，通过多方资源的整合，提升产品的知名度和市场竞争力。

（3）限量版产品的营销效果与品牌价值提升。限量版产品不仅能够带来直接的销售收入，还能够通过多种方式提升品牌的市场价值和竞争力。

1）增强品牌认同感。限量版产品通过赛事元素的融入，能够与消费者建立更深层次的情感连接。消费者在购买和使用限量版产品时，不仅获得了实用价值，还体验到了赛事带来的情感共鸣和认同感，增强了对品牌的忠诚度和认可度。

2）提升品牌曝光率。限量版产品往往能够引发广泛的媒体关注和社会讨论。通过新闻报道、社交媒体分享和消费者口碑传播，限量版产品能够迅速提升品牌的曝光率和知名度，吸引更多潜在消费者的关注。

3）创造市场话题与热度。限量版产品的推出常常伴随着一系列的市场推广活动，如发布会、线上互动、线下体验等，能够创造出丰富的市场话题和热度，进一步激发消费者的购买欲望和参与热情。

4）推动产品创新与品牌升级。通过不断推出限量版产品，企业可以在市场上保持持续的创新动力和品牌活力。限量版产品的成功经验也能够为企业的常规产品设计和营销提供借鉴和启示，推动品牌的整体升级和发展。

（三）新媒体营销为热门方向

1. 信息获取平台的多样化

随着科技的发展，信息传播方式发生了巨大变化。移动互联网的普及使得越来越多的观众通过线上平台获取体育赛事信息，传统媒体的影响力逐渐减小。网络体育平台在体育赛事信息传播中占据重要地位，通过自制内容和多样化的传播手段，吸引了大量用户的关注。

2. 智能软件的应用

智能软件是"互联网+体育"的产物，为运动爱好者提供了便捷的服务。这类软件主要包括体育直播类、体育资讯类、运动健身类和减脂类等。体育直播类和体育资讯类主要以赛事信息传播和内容再生产为主，而运动健身类和减脂类则为大众体育和健康提供了便捷的平台。智能软件不仅帮助用户记录和分析运动数据，还可以通过社交功能增强用户的参与感和互动性。

3. 社交媒体与大数据的结合

社交媒体的兴起为体育赛事营销提供了新的契机。企业可以通过社交媒体平台与观众进行互动，增强品牌的亲和力和用户黏性。大数据技术的应用则使得企业能够精准地了解观众的需求和偏好，从而制定更加有效的营销策略。通过大数据分析，企业可以实现精准投放，提升广告的投放效果和品牌的市场竞争力。

三、体育赛事营销的发展策略

体育产业的不断发展使企业更加关注体育赛事营销发展，然而体育赛事营销仍然面临诸多问题。如何解决体育赛事营销发展问题，促进体育产业蓬勃日上，加速体育赛事营销在21世纪健康高速发展，成为本书讨论的最重要问题。体育产业的结构调整与范围拓展为企业体育赛事营销提供了更多选择；在企业进行体育赛事营销的思想上，营销观念的更新和规划的优化已经迫在眉睫；同时，在体育赛事营销的媒体渠道上，媒介转型与融合成为必然，新媒体内容和形式的多样性和分众化能够更好地满足营销需求。

（一）以体育产业链的延宕拓展体育赛事营销资源

体育产业的发展是体育赛事营销发展的最直接动因，同时体育产业的发展困境也阻碍着体育赛事营销的发展。体育产业的商业价值主要体现在体育赛事资源的商业运作、体育赛事本身的核心业务和体育衍生产业的价值这三个侧面，其中体育衍生产业的扩张能够快速推动体育产业资源的丰富；同时，体育赛事与其他产业的跨界融合也能够拉动体育赛事营销资源的拓展，实现产业联动，推进体育赛事营销的发展。

1. 发展新兴赛事，拓展体育赛事营销范畴

随着经济社会的不断发展，体育产业在全球范围内已成为经济结构中不可或缺的一部分。欧美等发达国家的体育产业早已走在前列，呈现出产业分工精细、产业结构多样、产业价值高等特点。而在中国，体育产业仍然处于萌芽阶段，产业结构相对单一，主要集中于体育用品的生产制造。尽管如此，国家政策的扶持和市场需求的增加，为中国体育产业的发展提供了前所未有的机遇。尤其是在体育赛事营销方面，新兴赛事的出现和发展，为体育产业注入了新的活力。

（1）电子竞技行业呈现爆发式增长。电子竞技作为新兴的体育赛事领域，在过去几年呈现出惊人的增长势头。这一行业不仅是电子游戏的延伸，更是通过专业化的比赛形式将游戏与竞技相结合，吸引了大量的观众和参与者。随着全球智能设备的普及和人们对休闲娱乐需求的增加，电子竞技迎来了一个显著的黄金期。2003年，中国国家体育总局正式认定电子竞技为一项正式的体育项目，这一决定为电子竞技的发展奠定了坚实的基础。自此以后，中国的电子竞技产业开始蓬勃发展，逐步走向了规模化和专业化。各种电子竞技比赛如MOBA（多人在线战术竞技游戏）、FPS（第一人称射击游戏）、电子竞技体育游戏等，吸引了大批年轻观众和游戏爱好者的关注，形成了庞大的用户群体。

电子竞技的快速崛起得益于多方面因素的共同作用。首先，智能手机和电脑等电子设备的普及使得更多人能够轻松地参与电子竞技活动，不受时间和地点的限制。其次，互联网技术的进步和流媒体平台的兴起为电子竞技的赛事直播提供了强大的支持，使得观众可以实时观看比赛，增强了赛事的影响力和曝光度。

在商业化方面，电子竞技的成功不仅停留在赛事本身，还延伸到了广告、赞助和品牌合作等多个方面。越来越多的品牌看中了电子竞技庞大的受众群体和市场潜力，积极投入资金以获取品牌曝光和市场份额。例如，知名的电子竞技赛事如国际Dota2锦标赛（TI）和英雄联盟全球总决赛（Worlds）每年都吸引了全球数百万的观众在线观看，为赞助商提供了巨大的商业机会。此外，电子竞技赛事的专业化和规模化程度不断提高，赛事组织者和运营者也在不断寻求创新和改进，以提升观赏性和竞技性。赛事的奖金池也在不断增加，吸引了世界顶级选手

和团队的参与，进一步推动了电子竞技产业的发展。

在全球范围内，电子竞技已经成为一种具有重要影响力的文化现象和经济活动。许多国家和地区都在积极推动电子竞技的发展，制定相关政策和规范，支持赛事的举办和运营，促进了当地电子竞技产业的健康发展。

（2）极限运动在我国逐渐获得关注。极限运动以其高度的挑战性和极具观赏性的特点，吸引了大量年轻人的参与和关注。尽管其在中国的发展相对起步较晚，但其快速增长的势头和多样化的发展趋势不容忽视。

1）极限运动在中国的发展可以追溯到滑雪、潜水和蹦极等大众化项目的引入。随着人们对冒险和极限体验的追求，这些项目逐渐成为广大群众喜爱的运动选择。随着社会经济的发展和人们生活水平的提高，越来越多的人开始尝试更专业化的极限运动项目，如滑板、小轮车等，这些项目既是运动，更成为表达个性和探索极限的一种方式。

2）中国国内各类极限运动赛事的举办极大地推动了这一领域的发展。这些赛事不仅是运动比赛，更是促进了极限运动文化的传播和交流。通过赛事的组织，参与者可以展示他们的技艺和勇气，同时也为观众提供了观赏和学习的机会。例如，国内的滑板比赛、攀岩比赛、极限自行车赛事等吸引了大量的参与者和观众，形成了独特的体育文化景观。

3）极限运动为品牌赞助商提供了新的机遇和平台。品牌通过赞助极限运动赛事，不仅可以获得广泛的曝光和影响力，还能够与极限运动的独特精神和价值观进行紧密结合，提升品牌的认知度和忠诚度。例如，一些国际知名品牌如雷克萨斯、红牛等就通过赞助极限运动赛事成功地将其品牌形象与极限运动的激情和冒险精神联系在一起，有效地塑造了其在年轻消费者中的形象。

4）极限运动的发展还推动了相关产业链的蓬勃发展。从装备制造、赛事组织到媒体传播，极限运动的整个生态系统不断壮大，为经济发展和就业创造了新的机会和动力。特别是在旅游和文化产业方面，极限运动不仅吸引了国内外游客，还促进了地方经济的发展和城市形象的提升。

（3）马拉松开辟了我国大众健身赛事的新疆域。近年来，马拉松赛事迅速发展并成为广受欢迎的体育赛事。其普及性和参与性使其成为中国最受欢迎的体育活动之一。随着全民健身运动的兴起，马拉松赛事在中国的数量和参与人数显著增加，展现出强劲的发展势头。

1）马拉松赛事的普及性是其快速发展的关键。马拉松比赛不仅适合专业运动员，也吸引了大量业余跑者参与。从最早的几百人规模的比赛，到如今每年数十万人报名参赛的大型赛事，马拉松的发展吸引了社会各界的广泛关注和参与。特别是在一线城市和二线城市，马拉松赛事成为人们展示个人体魄、挑战极限的重要平台，同时也促进了全民健身意识的普及和提升。

2）国家体育总局的政策引导和支持为马拉松赛事的发展提供了重要保障。政府通过出台体育政策文件和投入大量的体育基础设施建设，鼓励和支持各地举办马拉松赛事。这些举措不仅推动了赛事规模的扩大，也提升了赛事的专业化水平和组织能力。例如，中国马拉松大满贯赛事北京马拉松、上海马拉松、广州马拉松等都得到了政府的积极支持和推动，成为各地体育赛事发展的重要代表。

3）马拉松赛事的商业化发展为其带来了新的增长点和市场潜力。随着赛事知名度和影响力的提升，越来越多的企业开始看重马拉松赛事作为品牌营销的重要平台。品牌通过赞助马拉松赛事，不仅获得了广泛的曝光度和品牌认知度，还能够与健康、运动、挑战等积极向上的价值观念进行联结，有效提升品牌形象和市场影响力。同时，马拉松赛事周边产业如体育用品零售、健身俱乐部、健康食品等也因赛事的兴起而蓬勃发展，形成了一个完整的产业链条。

4）马拉松赛事的影响力不再局限于体育赛事本身，还涵盖了社会文化和旅游经济等多个领域。许多城市通过举办马拉松赛事，成功提升了城市形象和知名度，吸引了大量的游客和投资。例如，举办马拉松文化节、建设马拉松特色小镇等活动，不仅促进了地方经济的发展，也增强了居民的体育参与感和归属感，推动了社会和谐发展。

2. 跨界融合，促成体育赛事营销资源联动

体育产业长期以来与多个相关产业密切相关，其带动作用和资源联动能力在实践中得到了充分的体现。体育赛事不仅在竞技和娱乐方面吸引了大量关注，也通过多种形式拉动了其他行业的发展，创造了显著的经济价值。例如，大型赛事如一级方程式赛车，不仅是运动员的竞技场，也是建筑、公共交通、旅游等多个行业的繁忙时刻。体育赛事的这种带动效应，使其成为许多衍生业务的重要推动力，构成了"体育+"模式的基本框架。

在"体育+"的多种发展模式中，"体育+旅游"无疑是近年来最引人注目的领域之一。旅游与体育的结合，不仅丰富了旅游业的内容，也为体育产业注入了新的活力。体育赛事作为旅游资源，不仅吸引了大量游客，还推动了住宿、餐饮、购物等相关行业的发展。两者的高度相关性，使得资源互利效率得以最大

化。学术界普遍认为，旅游资源的核心在于其对游客的吸引力。随着消费升级，游客对旅游的需求已不再局限于简单的观光，更注重休闲娱乐和身心健康的综合体验。体育赛事以其独特的观赏性和参与性，恰好满足了这一需求，成为旅游业中备受青睐的新兴产品。

近年来，随着中国经济的不断发展和人民生活水平的提高，体育产业与旅游产业的交叉融合越来越明显。这一趋势不仅得益于国家政策的支持，也反映了市场需求的变化。政府在多个文件中明确指出，产业融合是未来发展的重要方向，旅游法的实施更是为传统旅游企业和体育产业的融合提供了制度保障。

体育旅游产业一体化的趋势主要体现在以下方面：

（1）重大体育赛事的旅游开发成为推动旅游业发展的重要契机。旅游区的规划应与体育赛事的安排相协调，建立旅游体验区、纪念品销售区等功能区，提升整体旅游吸引力。例如，一些国际性体育赛事在国内城市的举办，不仅提升了城市的国际知名度，也为当地旅游业带来了巨大的经济效益。

（2）休闲健身的旅游开发也显示出巨大的市场潜力。随着人们生活方式的日益丰富和对高品质生活的追求，休闲健身项目成为旅游业的重要组成部分。区域资源的充分利用、旅游设施的改善、服务水平的提高，都在提升旅游的吸引力，促进了休闲健身旅游的发展。

（3）体育景观、训练基地和体育用品生产区的观赏和体验旅游也得到了迅速发展。著名的体育场馆和训练基地成为旅游爱好者的重要目的地，硬件设施的提升和品牌影响力的扩大，使这些旅游行程具备了更强的吸引力。

（4）自然和人文旅游资源为体育赛事提供了理想的场地和平台。许多旅游胜地同时也是体育活动的热土，自然环境和文化背景为体育赛事增添了独特的魅力。

除"体育+旅游"外，其他新兴产业如"体育+文化""体育+教育""体育+科技"等也在迅速崛起。其中，"体育+科技"方面尤为突出，智能科技的应用提升了体育赛事的质量和观赛体验。智能球、智能鞋、智能衣等产品不仅提高了运动员的表现，也丰富了观众的体验，智能技术在体育训练管理和场馆维护中的应用，更是为体育赛事的发展提供了有力支撑。

"体育+"模式的发展，不仅拓宽了体育产业的范畴，也实现了体育与其他产业的资源有机融合。这种融合不是简单的产业叠加，而是创造了一种新的产业生态，拓展了体育赛事营销的资源和空间，促进了经济和社会的全面发展。体育产业通过与旅游、文化、教育、科技等产业的深度融合，实现了多产业资源的共享与互补，提升了整体经济效益和社会效益。

（二）体育赛事营销的观念与路径创新

1. 全面认知体育赛事营销的价值

体育赛事，作为全球性的文化现象，不仅传递着积极进取的价值观，而且体现了人类追求卓越和不断超越自我的精神。这些内在特质为体育赛事赋予了独特的品牌营销潜力。企业通过精心策划和科学评估，选择与自身品牌理念相契合的体育赛事资源，能够以较低的成本实现品牌形象的正面传播，进而增强品牌的吸引力和市场竞争力。

在当代社会，体育赛事营销已逐渐成为企业提升品牌知名度和扩大影响力的有效手段。通过整合营销传播策略，企业能够将体育赛事的积极形象与自身品牌价值相结合，实现品牌信息的有效传递。这种策略不仅能够扩大品牌的市场覆盖面，还能够深化消费者对品牌的认知和情感联系。体育赛事的全球性和普遍性，使其成为跨文化交流的桥梁，有助于企业跨越地域和文化差异，构建全球性的品牌形象。此外，体育赛事的高关注度和参与度，为企业提供了与消费者进行深度互动的机会，从而增强品牌的忠诚度和消费者黏性。

（1）体育赛事营销通过形象转移提升品牌价值。体育赛事营销作为一种高效的品牌传播策略，其核心在于通过形象转移来提升品牌价值。在这一过程中，品牌通过与体育赛事的紧密联系，借助赛事的广泛影响力和积极形象，实现品牌价值的显著提升。

1）体育赛事营销能够显著提高品牌的知名度。体育赛事通常具有广泛的受众基础和高度的媒体关注度，品牌通过在赛事中的曝光，能够迅速扩大其知名度，吸引更多消费者的注意。随着品牌标识在赛事中的频繁出现，消费者对品牌的认知度逐渐加深，从而建立起对品牌的第一印象。

2）体育赛事营销有助于提升品牌感知质量。体育赛事的参与者和观众往往对赛事的专业性、公正性和高标准有着深刻的认识。品牌通过与体育赛事的合作，能够借助赛事的这些特质，传递自身产品的高质量和专业性，从而提高消费者对品牌产品质量的感知。

3）体育赛事营销能够促进品牌形象的转移。体育赛事所蕴含的进取、勤奋、阳光向上等积极形象，可以通过营销策略被转移到品牌上。消费者在接触体育赛事的同时，也会将这些积极形象与品牌联系起来，形成独特的品牌联想。这种联想不仅能够增强消费者对品牌的情感认同，还能够提升品牌的吸引力和竞争力。

4）体育赛事营销能够通过新媒体的互动方式，加强品牌与消费者之间的联系。在新媒体时代，品牌可以通过社交媒体、移动应用等渠道，与消费者进行实时互动，分享赛事信息，收集消费者反馈，从而建立起更加紧密的联系。这种互动不仅能够维持消费者的品牌联想，还能够丰富品牌内涵，提升品牌忠诚度。

5）体育赛事营销对于销售的转化作用是长期而潜移默化的。品牌通过体育赛事营销，虽然不能立即看到销售的显著增长，但随着品牌形象的逐渐提升和消费者认知的深化，消费行为会在适当的时候自然发生。这种转化作用虽然不是即时显现的，但其长期效果是显著且持久的。

（2）体育赛事营销的发展体现我国综合国力的不断提升。体育赛事营销的发展趋势，不仅反映了中国企业品牌的国际化进程，更体现了国家综合国力的不断增强。随着社会的发展和体育赛事的日益普及，中国企业在国际体育赛事中的参与度和影响力不断攀升，这在一定程度上展现了中国在全球经济舞台上的竞争力和影响力。

体育赛事营销的多样化形式，为国内企业提供了广阔的国际市场空间。企业品牌通过参与国际顶级赛事的赞助，不仅能够提升自身的国际知名度，还能够借助体育赛事的正面形象，增强品牌的国际竞争力。这种参与往往被视为企业实力和国家综合实力的象征，体现了中国企业在国际舞台上的活跃度和影响力。

在消费主义文化的影响下，人们对体育赛事的需求日益增长，这为体育赛事营销提供了丰富的商机。然而，随着国际体育赛事参与门槛的提高，企业需要投入巨额资金进行营销，这对企业的资金实力和风险管理能力提出了更高的要求。体育赛事营销的效果具有长期性和不确定性，企业需要建立科学的营销生态系统，通过多种营销手段，综合运用，以实现品牌价值的持续提升。

品牌声誉的建立是一个长期而复杂的过程。对于决定赞助国际重大赛事的企业品牌而言，资金投入是基础，更重要的是在国际体育舞台上运用成功的技术和经验，展现出企业的领导力和创新能力。这种努力不仅有助于企业自身的发展壮大，也反映了国家综合实力的提升。随着综合国力的不断提升，经济环境得到改善，为企业的发展提供了更加有力的保障。

综合国力的提升，既为企业提供了一个更加稳定和有利的发展环境，也为体育赛事营销提供了更加广阔的发展空间。企业通过体育赛事营销，不仅能够提升自身的品牌价值，还能够在国际市场上展示中国企业的实力和形象，增强国家的软实力和国际影响力。

（3）体育赛事营销对体育产业发展具有积极的促进作用。体育赛事营销的利益驱动机制不仅扩大了体育赛事的传播范围，而且通过吸引媒体的广泛报道，为参与其中的企业带来了显著的曝光量。这种传播效应得益于竞技体育本身的魅力，它能够激发广大受众的兴趣和情感共鸣，从而形成强大的社会影响力。

随着我国体育消费市场的不断扩大，企业品牌在体育赛事上的投入变得更加容易获得回报。这种投资回报的可行性，吸引了越来越多的企业将目光投向体育赛事营销领域。企业投入的巨量资金和技术资源，为体育产业的发展提供了强大的动力，加速了体育产业的创新和升级。

体育产业的发展进一步推动了体育文化的加速传播，这种文化传播不仅增强了消费者的健康意识，也丰富了他们的审美文化生活。在消费主义文化日益盛行的背景下，体育产业的发展为消费者提供了更加多元化和高质量的体育产品和服务，满足了他们日益增长的物质和精神需求。

受众对体育产业的接受度和需求量的不断增加，对体育产业的发展起到了重要的推动作用。这种推动作用促进了体育产业自身的繁荣，为我国社会经济和文化的发展注入了新的活力。同时，体育产业的持续发展，也为"全民健身""健康中国"等相关产业的发展壮大提供了有力的支撑，引导我国消费者消费水平的持续升级。

体育赛事营销的实施不仅提升了参与企业的品牌形象和市场价值，更通过其对体育产业的积极影响，推动了相关产业的发展。这种发展效应，形成了一个良性循环，既促进了体育产业的繁荣，也为企业带来了持续的经济利益。

2. 挖掘体育赛事资源与商业价值

挖掘体育赛事资源与商业价值在当前中国经济环境中显得尤为重要。近年来，中国企业在全球体育赛事营销领域中展现出越来越重要的角色，越来越多的企业选择通过体育赛事营销来推动其国际化进程，并注入大量资金到国际体育赛事中。正如很多评论所指出的，体育赛事营销已经成为21世纪最有效的营销策略之一。著名营销学家卢泰宏也强调，体育赛事营销是企业实现品牌国际化的重要手段。然而，如何有效利用体育赛事资源进行营销，以促进企业发展，是企业必须解决的重要问题。

（1）体育赛事的影响力是体育赛事营销成功与否的关键。任何体育赛事的核心产品都是赛事本身，只有激动人心的赛事才能推动体育赛事营销的持续发展。因此，体育赛事主办方应利用多种资源，如资金、技术和球员的明星效应，提升体育赛事的自身价值，打造独特的赛事 IP。这不仅能够吸引更多的体育赛事营销资源，还能为赛事品牌做背书，建立起稳固的品牌文化。

在这一方面，国际赛事提供了许多可借鉴的经验。例如，美国职业篮球联赛（NBA），虽然不在中国进行比赛，但在中国却拥有极高的知名度，其体育赛事的影响力和营销策略一直处于行业领先地位。NBA 从常规赛到季后赛，每个赛季都有数百场比赛，这些赛事持续吸引着球迷的关注。同时，NBA 成功地塑造了许多体育明星，如"飞人乔丹"和"魔术师约翰逊"等，这些明星效应不仅提升了观众出席率，还提高了赛事转播的收视率，从而吸引了众多体育媒体的关注和播放。这些因素共同促成了 NBA 赛事的巨额收入来源，同时也吸引了企业品牌的资金投入，因为企业相信，投入到有巨大关注度和收视率的体育赛事中，将会带来可观的商业利润。

（2）企业在进行体育赛事营销时，不应仅关注高关注度的赛事赞助，而应全面挖掘体育赛事的多种资源。企业可以根据自身文化和品牌形象，选择不同的赛事进行投资。例如，通过体育赛事转播媒体资源进行营销，便是一个明智的选择。直接冠名和赞助体育赛事需要高投入且风险较大，对于中小企业来说并不适用。而体育赛事专业媒体作为大多数体育观众获取赛事信息的主要渠道，具有受众广泛、影响力大且投资回报高的特点。投资专业体育媒体平台，有助于媒体平台的发展，也能够有效传递体育赛事和品牌信息。

（3）企业还可以借助参加体育赛事的运动员或运动队伍的影响力进行营销。随着体育赛事的专业化、产业化和商业化发展，体育明星作为一个特殊的群体，拥有巨大的吸引力和影响力。体育明星代言可以迅速提升品牌关注度，而赞助运动队伍则可以强化品牌形象，提高品牌价值。企业对运动员或运动队伍的投资，不仅能够为企业带来收益，还能够改善运动员和队伍的训练和比赛条件，形成企业与运动员或运动队伍双赢的局面。

奥地利品牌红牛在这方面的策略值得借鉴。红牛在全球签下了 600 多名优秀运动员，并建立了一系列专业运动队，如飞行表演队、F1 车队、摩托车队和极限运动队等。红牛更倾向于投资极限运动，这些领域的投资不仅提升了其品牌曝光度，也带来了可观的商业收益。

（4）多种资源组合布局进行体育赛事营销也是一种有效策略。品牌与活动之间的资源整合，实际上是一种"整合营销传播"。通过广告、促销和公共关系等多种方式，从体育赛事的不同方面进行一系列相关的营销活动，可以提高资源利用率，增加品牌曝光度和品牌价值收益。这种多角度战略布局，有助于加强企业的正面形象，提升品牌价值。

在挖掘体育赛事的商业价值方面，体育赛事的商业价值可以分为业务价值、资源价值和传播价值。准确把握体育赛事的商业价值，有助于市场开发和体育产业的发展。国内的"BRM 体育赛事评估体系"提供了一种量化的评估标准，认为体育赛事的价值分为业务价值、资源价值和传播价值。业务价值包括赞助业务、票务、转播权和衍生品业务等；资源价值包括球员、场馆和俱乐部等相关资源；传播价值则体现在体育赛事在传统媒体和互联网媒体上的表现。

现阶段，中国的体育赛事营销主要集中在门票销售、企业赞助和广告、冠名权、电视直播等方面。随着专业俱乐部和团队的增加，通过维持和吸引观众来增加收入成为一种趋势。然而，过分关注业务价值可能会限制资源价值和传播价值的开发。为了全面挖掘体育赛事的商业价值，中国体育赛事营销应充分利用经济社会发展的趋势，依靠"互联网+"和"跨界融合"等新趋势，重点开发体育赛事的资源价值和媒体价值，使业务价值、资源价值和媒体价值协同发展，从而实现体育赛事商业价值的整体提升。

3. 完善企业体育赛事营销的规划

体育赛事营销是一项复杂而系统的活动，而不是简单的促销手段叠加。这种营销方式的投资往往需要较大的财力支持，因此，企业在进行体育赛事营销时，必须注重科学的规划和长期的战略布局。

（1）明确目标与共通点。企业的发展规划决定了其在市场中的定位和未来发展的方向，因此，明确这一规划是进行体育赛事营销的首要任务。通过深入分析企业的发展规划，可以确定体育赛事营销的目标，使其与企业的长期发展目标相一致。

企业需要在其品牌与体育赛事之间寻找共通点。体育赛事具有广泛的社会影响力和强烈的情感共鸣，能够吸引大量观众的关注，而品牌则通过这种关注提升其知名度和美誉度。因此，企业需要找到体育赛事与品牌核心价值观和品牌形象之间的共通点，这样才能在营销活动中实现品牌价值的最大化。例如，一个注重健康和活力的品牌可以通过赞助马拉松赛事来传递其健康生活的理念，从而引起目标受众的共鸣。

在明确目标和找到共通点之后，企业需要制定详细的体育赛事营销方案。这个方案应该分阶段进行，以确保每个阶段的营销活动都能够紧密结合企业的整体营销策略。体育赛事营销并不是一次性的活动，而是一个持续的过程，需要在不同的时间节点上进行不同的营销活动，以保持消费者的关注和兴趣。

体育赛事营销的实施不应仅限于赛事举办期间，而是要覆盖整个营销期，包括赛前的预热期、赛中的联动营销期和赛后的追踪。赛前的预热期是为了引起目标受众的关注和期待，通过一系列的预热活动，如发布会、预告片、社交媒体互动等来吸引观众的兴趣，为正式的营销活动打下坚实基础。

赛中的联动营销期是体育赛事营销的核心阶段。在这一阶段，企业需要集中资源进行大力宣传。宣传的形式可以多种多样，包括线上和线下的广告投放、代言人宣传、媒体报道、现场活动等。线上广告可以通过社交媒体、搜索引擎、视频平台等渠道进行投放，达到广泛的传播效果。线下的宣传活动则可以通过赞助赛事、场馆广告、促销活动和文化表演等方式，直接接触目标受众，提升品牌的曝光度和扩大其影响力。

赛后的追踪期同样重要。通过赛后的追踪活动，企业可以评估体育赛事营销的效果，了解目标受众的反馈，并进行相应的调整和改进。赛后的追踪活动包括满意度调查、回访活动、品牌体验活动等，以进一步巩固消费者对品牌的认知和忠诚度。

（2）科学定位与资源分配。在认识到体育赛事营销的长期性之后，如何进行科学的营销定位是企业了解自身并最大化投资回报的关键。著名国际赛事的体育赛事营销往往设有较高的门槛，如奥运会和世界杯，这些赛事的赞助费用巨大，绝非所有企业都能承担。因此，企业在进行体育赛事营销时，应充分考虑自身的实力，包括资金力量、品牌定位、现有营销策略和人力资源等。在充分分析企业自身条件后，科学拟定体育赛事营销策略，以确保策略的可行性和企业的长期效益。

企业应当通过详细的市场调查和分析，找准自己的定位，并根据自身的资源和能力，制定切实可行的体育赛事营销策略。避免盲目追求高门槛的国际赛事，选择适合自己品牌定位和市场需求的赛事进行赞助和合作，从而最大限度地发挥体育赛事营销的效果。

（3）精准投资与效果评估。在体育赛事营销的实施过程中，开展精准的投资把控和效果评估不仅是避免资源浪费的重要手段，也是企业在复杂多变的市场环境中，最大程度上规避和淡化营销危机的重要保障。由于体育赛事具有不确定性因素，包括人员的变动、赛事的不可预测性等，因此，企业在营销过程中需要进行科学的预算控制和效果评估，以确保每一笔投资都能够带来预期的回报。

1）精准的投资把控。企业首先需要根据整体的营销策略，制定详细的预算方案。这一方案应涵盖从赛事前期准备到赛事结束后的所有环节，确保每个阶段的投资都能够得到合理的分配和使用。在预算控制方面，企业应根据实时的市场情况和赛事进展，对预算进行动态调整。例如，在赛事进行过程中，如果发现某些环节的投入效果不理想，企业应及时调整预算，增加对高效环节的投入，减少无效环节的支出。通过这种灵活的预算管理，企业可以最大程度地提升资金的使用效率，确保每一笔投资都能够发挥最大的效用。同时，企业还应重视对投资风险的管理。由于体育赛事的不可预测性，企业在进行投资时，应预留一定的风险备用金，以应对突发事件或市场变化。通过科学的风险管理，企业可以在面对突发情况时，保持足够的应对能力，确保营销活动的顺利进行。

2）全面的效果评估。通过全面的效果评估，企业可以了解体育赛事营销的实际效果，总结经验和教训，为未来的营销活动提供参考和指导。赞助效果评估过程应包括以下步骤：

①赛前调查。在进行赛事赞助之前，企业应对目标群体进行详细的调查。这一调查应包括目标群体的基本情况、对品牌的认知和态度、消费习惯和偏好等方面。通过赛前调查，企业可以了解目标群体对赞助商的认可度和忠诚度，明确体育赛事营销的起点和方向。

②目标明确。企业在制订赞助计划时，应结合自身的发展战略和市场需求，明确赞助活动的具体目标。这些目标可以是提升品牌知名度、增加市场份额、改善品牌形象或提升客户忠诚度等。通过明确的目标，企业可以在实施过程中始终保持营销活动的方向一致，确保每一项活动都能够服务于整体目标。

③态度变化监测。在赞助活动进行期间和结束后，企业应对目标群体的态度变化进行监测。这一监测可以通过问卷调查、市场研究、社交媒体分析等方式进行。通过态度变化监测，企业可以了解目标群体对赞助活动的反应和评价，及时调整营销策略，以提升活动效果。

④实施状况分析。赞助结束后，企业应对具体实施的情况进行全面的调查和分析。这一分析应包括活动的执行情况、目标的达成情况、投资回报率等方面。通过实施状况分析，企业可以全面了解赞助活动的实际效果，总结经验和教训，为未来的营销活动提供参考和指导。

（4）建立品牌形象与消费者忠诚度。通过科学的规划和有效的实施，体育赛事营销既能够显著提升企业品牌的知名度和美誉度，也能有效增强消费者的品牌忠诚度。体育赛事营销的成功不仅体现在营销期间的短期收益上，更重要的是赛事结束后，品牌形象建设和消费者对品牌的长期认可。因此，企业需要在体育赛事营销中，注重品牌形象的建立和消费者忠诚度的培养。

1）品牌形象建设的关键因素。在体育赛事营销中，品牌形象建设是一个综合性的过程，需要企业在多个方面进行持续努力。

企业需要选择与自身品牌形象相符的体育赛事进行赞助和合作。通过选择与品牌价值观和市场定位相契合的赛事，企业能够更好地传达品牌信息，提升品牌的整体形象。

企业需要在赛事期间，通过多种形式的营销活动，增强品牌的曝光度和美誉度。这些活动包括但不限于赛事广告投放、社交媒体互动、线下促销活动和品牌故事传播等。通过这些活动，企业可以在消费者心中建立起积极的品牌形象，增强品牌的吸引力和扩大影响力。

企业应注重品牌的一致性和统一性。在体育赛事营销中，企业的品牌形象应当在所有的营销活动中保持一致，确保品牌信息的连贯性和统一性。这不仅有助于提升品牌的辨识度，也有助于增强消费者对品牌的认同感和忠诚度。

2）消费者忠诚度的培养策略。消费者忠诚度是企业在市场竞争中保持优势的重要因素。在体育赛事营销中，企业应通过多种手段，增强消费者的品牌忠诚度。

①加强与消费者的互动。企业可以通过社交媒体平台，与消费者进行实时互动，了解消费者的需求和反馈，增强品牌与消费者之间的情感联系。通过举办线上线下的互动活动，如抽奖、问答、挑战赛等，企业可以提升消费者的参与感和归属感，从而增强其对品牌的忠诚度。

②提供高质量的服务和体验。在体育赛事营销中，企业应注重提供优质的产品和服务，确保消费者在赛事期间和赛事后的每一次接触都能获得满意的体验。例如，在赛事期间，企业可以提供定制化的产品和服务，满足消费者的个性化需求；在赛事结束后，企业可以通过满意度调查、回访等方式，了解消费者的意见和建议，不断改进产品和服务，提升消费者的满意度。

③建立会员制和奖励机制。企业可以通过建立会员制，为忠实消费者提供专属的优惠和福利，如积分兑换、会员专享活动等。通过这些奖励机制，企业可以

激励消费者持续购买和使用其产品和服务，增强其对品牌的忠诚度。

④持续的品牌沟通和维护。在体育赛事营销中，企业应通过持续的品牌沟通，保持与消费者的联系，增强消费者对品牌的认同感和忠诚度。例如，企业可以通过定期的品牌活动、新闻发布、社交媒体更新等方式，与消费者保持持续的沟通，传递品牌的最新动态和价值观。同时，企业还应注重品牌的维护，及时回应消费者的意见和建议，解决其在使用产品和服务过程中遇到的问题，提升品牌的信誉度和美誉度。

3）赛事结束后的品牌跟进活动。通过一系列的跟进活动，企业可以在赛事结束后，继续保持品牌的热度和影响力，增强消费者的品牌忠诚度。

①赠品派发。企业可以在赛事结束后，通过赠送纪念品、优惠券等方式，感谢消费者对品牌的支持和关注。这不仅可以提升消费者的满意度，还能增强其对品牌的好感和忠诚度。

②满意度调查。企业可以在赛事结束后，通过在线问卷、电话访问等方式，了解消费者对赛事营销活动的评价和建议。通过满意度调查，企业可以了解消费者的真实想法和需求，为未来的营销活动提供参考和指导。

③品牌故事传播。企业可以在赛事结束后，通过品牌故事的传播，增强消费者对品牌的认同感和忠诚度。例如，企业可以通过社交媒体、官网等平台，讲述品牌与体育赛事的故事，展示品牌的价值观和使命，增强消费者的情感联系和忠诚度。

（5）制定科学的风险防控机制。制定科学的风险防控机制是应对体育赛事进行过程中突发事件的最有效方式，能够有效降低企业在体育赛事营销中的风险。体育赛事营销以企业为推动者，以赛事内容和运动员表现为消费对象，以广泛的消费者为信息接收者。赛场上的任何动作都可能影响体育赛事营销，无论是裁判判罚还是球员受伤，都可能对企业的体育赛事营销效果产生一定程度的影响。因此，企业必须建立全面的体育赛事营销规划，对可能出现的问题进行预判，进行风险和效益评估，制订合理的风险防范计划。

在风险防控机制的制定过程中，企业应做到以下方面：

1）进行全面的风险识别和评估，分析赛事过程中可能出现的各种风险因素，包括赛事组织、场地设施、运动员表现等方面。通过对这些风险因素的详细分析，企业可以制定相应的风险防范措施，确保在风险发生时能够迅速有效地应对。

2）企业需要制定详细的应急预案，以应对赛事过程中可能出现的突发情况。应急预案应包括风险识别、应急响应、损失控制和恢复计划等内容，确保在突发事件发生时，企业能够迅速组织资源进行应对，最大限度地减少损失。此外，企业还应定期进行应急预案的演练和评估，确保预案的可行性和有效性。

在体育赛事营销的实施过程中企业应进行实时的监测和评估，及时发现和应对各种风险因素。通过建立完善的监测系统，企业可以实时跟踪赛事进程和市场反应，及时调整营销策略，确保营销活动的顺利进行。企业还应建立反馈机制，收集和分析消费者的反馈意见，及时调整营销策略和风险防范措施，提高营销活动的有效性和安全性。

（三）以"互联网+"提升体育赛事营销传播价值

"互联网+"是将互联网与传统产业深度结合并创造新的产业生态的产业融合方式，利用大数据、移动互联网等技术和平台，完成产业间的信息交换与共享。因而，互联网带给传统体育产业的不再是冲击，而是转型发展的新机遇。"互联网+"成为体育赛事营销中新旧媒体融合和盈利模式创新的有效外部推力。

1. 整合新旧媒体资源，实现转型

随着"互联网+"趋势的不断显现，互联网体育平台与传统媒体的融合已经成为一股不可逆转的潮流。近年来，传统媒体如广播电视和报刊行业的市场份额不断缩减，而互联网尤其是移动互联网的市场占有率却呈现出爆发式的增长。传统媒体的发展停滞与新兴媒体的繁荣形成了鲜明对比，这一趋势迫使传统媒体必须进行转型发展，以适应新时代的媒介环境。同时，"互联网+"的发展为传统媒体与新兴媒体的融合提供了可能性和契机。

互联网体育传媒具有信息交换的互动性、巨量信息属性和时效性等技术特点，这些特点使其在与传统媒体的竞争中占据了优势。互联网的互动性使得受众不仅是信息的接收者，也是信息的传播者，信息的二次传播极大地扩大了体育赛事营销的覆盖面和影响力。同时，互联网平台的巨量信息属性和时效性使得受众可以在最短的时间内获取最新的赛事报道和相关信息，满足了现代受众对于即时性和便捷性的需求。

传统媒体在媒介融合过程中需要优化自身功能，强化自身优势，同时借助互联网媒体的特点取长补短，从而满足新时代受众不断变化的需求。移动互联网时代，受众获取体育赛事信息的渠道更加多元化，除了传统的广播电视和报纸，受众更倾向于通过移动互联网在碎片化时间内获取比赛报道、比赛结果和比赛进程等信息。这种变化使得媒介融合成为必然，通过融合，传统媒体可以借助新媒体的优势，实现自身功能的提升和转型。

体育媒体的升级转型表现为两个方面：一是传统体育专业媒体向互联网媒体转变与媒介融合。传统媒体拥有丰富的媒介资源和优质内容，在转型过程中，需要将这些资源与互联网平台进行结合，实现优势互补。通过与新媒体平台的联动，传统媒体可以拓宽信息传播渠道，更好地满足受众需求。例如，通过在电视、网络客户端和社交媒体平台上同步直播和报道体育赛事，传统媒体可以实现线上和线下的联动，保证受众能够在不同平台上第一时间获取优质内容。二是互联网体育媒体在"互联网+"时代下的转型升级和发展。随着网络体育频道、体育视频网站和体育社区等互联网平台的发展，体育信息传播的形式和内容不断丰富，满足了用户对信息获取的多样化需求。网络体育媒体不再仅限于新闻报道，而是通过获得赛事版权、自制内容优化、丰富赛事直播形式和完善互动讨论平台等方式，不断提高自身的自主性、分享性和互动性，拓宽了体育赛事营销的资源范畴。

在具体的媒体融合案例中，CCTV5 的转型较为成功。通过在电视、网络客户端和社交媒体平台上同步直播和报道体育赛事，CCTV5 实现了线上线下的联动，提高了受众的互动性和参与度。在互联网平台上对赛事信息的内容再造和传播，利用互联网媒体的信息重组和反复利用特性，满足受众对于信息获取便捷性的需求。

腾讯体育作为互联网体育媒体的代表，通过明确媒体平台定位，投资获得国际重要赛事的直播权，实现了自身的转型升级。腾讯体育借助自身的社交属性和庞大的用户基础，通过赛事直播、互动讨论平台和自制内容优化等方式，逐渐缩小了与传统体育媒体在赛事资源获取上的差距，充分发挥了互联网体育媒体的优势。

在"互联网+体育"模式的推动下，体育赛事营销已经渗透各个传播领域。通过网络体育媒体平台，可以更加便捷地进行体育赛事的传播。移动互联网媒体的即时性和移动化特征，使得消费者在任何媒体终端都能够实现对体育赛事信息的获取，增强了体育赛事营销的效果和影响力。"互联网+体育"不仅是传播媒介的融合，更是信息获取方式和内容再生产的变革。通过互联网平台，体育赛事的创意、传播和内容再生产得以实现，受众的内容获取和信息再传播与分享变得更加便捷。未来，随着"互联网+"的发展，体育赛事营销将继续借助互联网思维，不断创新传播形式，提高营销效果，满足受众多样化的需求。

2. 以互联网整合资源，丰富营销价值

在移动互联网时代的背景下，随着"互联网+"战略的不断推进，体育赛事传播的环境发生了显著变化。体育赛事的传播不再局限于传统媒体的报道，更注重内涵和价值的挖掘，体育传媒展现出专业化和小众化的特征。传统的体育赛事报道模式已不再适应新的传媒环境，对版权资源的深度利用、融媒体的资源整合、社交功能的媒体运用等新的发展趋势，符合互联网思维的转型发展方向，也更好地满足了受众对体育赛事信息获取的需求。以腾讯体育和搜狐体育为代表的互联网体育传媒，通过媒体理念和技术的革新，将体育产业与体育赛事营销在各个层面实现贯通，展现出互联网体育媒体与体育赛事资源整合的积极发展势头。

（1）版权资源优化。互联网体育媒体在版权资源优化方面，发挥着关键作用。体育赛事版权资源的矩阵排布，直接影响了体育媒体的发展方向。随着互联网体育媒体的"圈版权运动"逐渐升温，各家媒体对自身定位日益明确，通过整合自身运营能力，打造具有特色的体育赛事传播平台，占领细分市场。例如，腾讯体育通过巨额投资获取了 NBA、NFL、NHL、MLB、国际篮联赛事、CBA、英超、法网、温网、美网、F1、KHL、ISU 国际滑联赛事、沸雪、冰上之星与 X-Game 等各大体育赛事的版权资源，其媒体定位以 NBA 为核心，同时向网球和冰雪项目等赛事版权资源延展。而优酷体育与 PP 体育合作，重点投资国内知名体育项目，以足球赛事版权为主，涵盖欧洲顶级联赛、中超、中国之队、亚冠等赛事，与腾讯体育重在国际赛事和篮球赛事的定位形成了鲜明的区分。

（2）资源增加与创新。"互联网+"时代的到来改变了传统互联网思维，面对融媒体、矩阵式新闻传播的时代，互联网体育传媒不再局限于门户网站式的发展模式，也不再仅仅局限于内容频道的建设，而是尝试向体育纵深领域拓展。面对"互联网+"带来的机遇和挑战，互联网体育传媒扩宽了自身发展领域，致力于创造新的发展形式，以满足观众需求，进一步扩大影响力。

互联网媒体通过整合体育赛事资源，从而创新盈利模式，主要包括以下几方面：

第一，打造内容平台。凭借丰富的内容制作经验，增强自主创新优质节目的实践，拓宽传播渠道，适应当前碎片化的阅读时代，衍生产业链，为自身创造更多价值和期待。

第二，创新付费模式。将体育媒体传播内容分为付费（或会员）与免费部分，付费用户（或会员）可以享受观看专属内容等多项特权，享有 4K 直播等优质服务。

第三，丰富互动模式。鼓励用户参与赛事传播，发表自己的意见，传播自己对赛事的独特解读，增强用户参与度，激发用户对媒体平台的自主贡献。

以腾讯视频为例，腾讯体育在 2015 年以 5 年 5 亿美元的价格获得了 2015～2020 年的国内 NBA 独家直播权。通过与腾讯视频联合制作国内明星篮球真人秀节目《灌篮高手》，邀请数十位热爱篮球的明星艺人，节目流程围绕 NBA 展开，取得了良好的传播效果。随后，腾讯体育又创建了《大有名堂》篮球主题节目，邀请 NBA 巨星与国内明星互动，成为国内网络视频媒体的首次尝试。腾讯体育还制作了一些篮球科普节目，如安排前篮球运动员在 NBA 中场休息时向粉丝展示投篮标准姿势，受到球迷好评。腾讯体育通过实施免费和付费用户的双模式，扩大了其盈利模式。除了免费直播，每天还有特定会员专享的比赛内容。会员可以观看所有 NBA 赛事直播，享有无广告干扰、蓝光高清版本、多机位观看等特权，在互动时还能获得双倍奖励。这种双模式不仅提升了用户体验，还通过互动活动如"比亚迪唐邀你上头条"和"我要暂停"等活动，增强了受众与平台的互动，提升了品牌忠诚度。

（3）线上线下资源融合。"互联网+"为网络体育媒体带来的不仅是用户群的增长，还有更多的使用模式和传播方式。借助传统体育媒体在资源获取上的优势，互联网体育媒体得以通过"互联网+"手段利用体育产业相关资源，实现媒体价值的不断提升。新的资源融合思维与融媒体下高质量的体育赛事资源，扩充了互联网体育媒体的可利用资源范畴，从而开发出更多新的媒体价值。

面对新的竞争环境和发展模式，爱奇艺体育、腾讯体育、新浪体育等互联网体育媒体开始新的发展，进行全新布局，重塑角色定位。例如，新浪体育逐渐从体育传媒向体育产业公司转型，已由传统的体育赛事报道，向赛事运营、体育培训等产业领域拓展，开辟新的发展渠道。

腾讯体育和新浪体育等表现突出的体育赛事媒体在整合体育赛事资源方面已走在行业前沿，在转播方面已达到高水平，能够满足高质量比赛信息需求的受众。在盈利模式上也进行了多种探索，在会员制和自制节目上取得了显著成效。通过借助互联网优势，提升受众自发信息制造和分享方面也有显著成就，以"互联网+"解决了传统电视广播体育赛事直播中受众低参与度和低交互性的问题。

各大互联网体育媒体纷纷建立社交平台，与商品推销平台合作体育周边销售，与体育明星沟通平台和相关产品的互动，使产品实现形式和内容多样化，吸引了更多的消费者。然而，如此发展的仅仅是几家龙头企业，其他网络媒体仍需寻找适合自身的转型之路，才能在新的竞争环境下生存。不断创新模式，制订长期发展计划，才是满足观众日益增长的文化娱乐消费需求的长久之计。

第三节　互联网环境下体育赛事转播及发展创新

一、加强法规建设、保护合法权益

（一）以立法明确权利属性，维护转播主体利益

"近年来，竞赛表演行业迅速发展，大量有资本和技术支撑的互联网平台纷纷竞购体育赛事的新媒体转播权，推动了体育赛事转播市场的发展（陈汉明和张赢，2023）。"我国对于体育赛事转播权的法律建设还不完善，权利主体、客体以及权利内容不够明确，同时由于我国法律框架与发达国家存在明显差异，也不能完全将西方已有转播权法律体系移植过来，需针对我国特殊国情规定相应的权利内容。基于权利构成方式，结合赛事转播过程中的实际情况，本书认为现场转播的转播权应具有更深刻的基础性，其是体育赛事本身所衍生出的一项权利，泛指体育赛事主办单位允许电视、网络媒体对现场体育赛事进行拍摄、传播的权利。而节目转播主要泛指电视台、电台等传媒通过对体育赛事再加工、再包装的权利。

近年来，得益于体育赛事的快速发展及经济结构整体向第三产业倾斜，我国国内的体育赛事转播权交易也越来越频繁、规范。2022年6月24日，《中华人民共和国体育法》由中华人民共和国第十三届全国人民代表大会常务委员会第三十五次会议修订通过，自2023年1月1日起施行，规定了未经体育赛事活动组织者等相关权利人许可，不得以营利为目的采集或者传播体育赛事活动现场图片、音视频等信息。尽管如此，市场参与主体及权利流转环节都没有对体育赛事转播权的法律性质有着清晰的共识。

如果利用《中华人民共和国著作权法》（以下简称《著作权法》）对体育赛事转播权进行定义，则存在其对广播电视节目转播的规定过于宽泛，在执行层面上没有严格的依据等缺陷，容易出现判决前后不一致、各地区相互矛盾等问题。

因此，如何从立法角度上根本明确体育赛事转播权的内涵是保护体育赛事转播权及促进体育赛事转播市场良性发展的基础。

与将体育赛事转播权的属性定义及保护列入其中相比，以《著作权法》对其进行保护的可行性更高。其一，《著作权法》已明确规定了作品的含义及保护条款，是一个成熟的法系，将体育赛事转播权纳入一个成熟的法系比为了保护它而建立新的相关法律条款要更容易、合理得多；其二，我国一直十分鼓励创新活动，体育赛事转播节目是经过多项人为加工工作而形成的、具有独创性的智力劳动成果。因此，体育赛事转播节目被定义为作品并受《著作权法》保护是理由充足且可行性较高的。同时，随着我国经济快速发展与国际化水平的进一步提高，与国际上对于体育赛事转播权的法规保护体系达成共识也对于促进我国体育赛事转播市场发展有着重要的意义。

此外，随着中国进一步的改革开放与全面拥抱国际市场，也应积极参与如世界知识产权保护组织等机构的事务，与国际上对于体育赛事转播权的法规保护体系达成共识，与国际知识产权保护组织对转播权的一系列法规形成接轨。而世界知识产权组织（WIPO）对于体育赛事转播权的推荐是对于具有重要意义的大型体育赛事，也即 Listed Events 表单中所列出的赛事，需要保证大众可以拥有免费渠道进行观看，而对于其他赛事，可以由专业转播公司进行商业化转播。因此，我国也可以吸取其中的经验，也即由中央电视台负责大型体育赛事如奥运会、世界杯等，以免费的方式向大众进行转播，而对于其他商业化比赛逐渐以市场竞争的方式进行转播，并且各家依据自己的商业模式提供转播服务。

结合欧美等发达地区成熟的体育赛事转播市场环境来看，我国未来也可将体育赛事转播市场法规分为管控业务与竞争业务，其中管控业务主要指影响力较大的大型体育赛事转播业务，如奥林匹克运动会、男子足球世界杯等，由中央电视台统一进行购买与分销。而对于各项体育赛事联赛、各级地方比赛等，逐渐形成由市场为主导的竞争性转播模式。

（二）加大执法力度，提高观众版权意识

通过有效的法律法规和政策支持，可以在一定程度上遏制侵权行为，保障合法权益，但长期来看，仍需通过多方面的措施来促进版权意识的普及和市场环境的良性发展。

首先，执法力度的加大。历年来的案例显示，像北京奥运会期间的保护措施，通过积极的法律合作和执法行动，有效打击了盗版活动，维护了转播权的合法性和权益。然而，单靠法律手段的防范是有局限性的，因为一旦政策放松或法律执行不力，侵权行为可能重新抬头。因此，赛事组织者和版权持有者需要持续关注法律环境的变化，及时调整防范策略，确保法律的执行力度与时俱进。

其次，提高观众的版权意识。观众作为体育赛事的重要参与者和消费者，其版权意识的培养不仅涉及法律法规的宣传教育，更需要从文化和社会习惯层面进行深入的引导和教育。过去，我国在影视、音乐等领域的版权保护经验表明，观众的意识从最初的免费获取转变到逐渐认识版权保护的重要性，需要一个漫长的过程。类似地，推广付费观看体育赛事的文化习惯也需要社会各界的共同努力和耐心培养。

进一步来看，借鉴其他国家的执法经验，如美国对个人侵权行为的严格监管，可以为我国在法律法规完善后的实施提供参考。例如，通过对电信服务商的监控和侵权数据链接的严格管理，不仅可以有效降低侵权风险，也能通过法律手段对侵权者进行惩处，增强法律的威慑力和执行力。尽管我国在法律教育和社会基础设施建设方面仍有待加强，但随着法治环境的不断完善和人民法律意识的提升，未来将有望形成更加成熟和有效的法律体系，进一步保护体育赛事转播权益。

二、挖掘市场潜力，激活体育转播市场

（一）优化体育赛事转播产业链，引入中介服务制度

体育赛事转播产业链的健全与发展对于体育产业的长期繁荣至关重要。在国际上，体育赛事转播产业已经形成了相对完善的产业链条，包括上游的赛事组织、中间环节的节目制作和转播，以及下游的节目分销和市场推广。这些环节相互配合，共同推动体育赛事的传播和商业化发展，形成了良性循环的体系。相较之下，我国的体育赛事转播产业链尚处于起步阶段，未形成完整的产业生态。尤其是在中介服务制度方面，缺乏像国际上那样专业化和成熟的中介服务公司，这直接影响了体育赛事转播市场的健康发展和商业价值的实现。

体育中介服务公司在体育赛事转播产业链中扮演着关键角色。它们通过购买、制作和分销体育赛事节目，连接赛事组织和广告主，促进体育赛事内容的传播和商业化运作。国际上著名的体育中介服务公司如 IMG、拉加代尔和盈方，凭借其强大的运营团队和丰富的经验，成功地在全球范围内运作多种体育赛事，包括足球、网球、高尔夫等多个领域的赛事转播。它们不仅是赛事内容的买卖者，

更是赛事价值和影响力的塑造者，通过专业的制作和精良的节目包装，将体育赛事推广至全球观众。

国内体育赛事转播产业链的发展仍面临多重挑战和机遇。具体如下：

首先，赛事内容的丰富和多样性。国内足球、篮球等体育赛事在全球范围内尚未达到足够的商业化水平，这限制了体育中介服务公司在国内市场的深入发展。然而，随着我国体育产业政策的持续优化和国际化进程的推进，包括引入外籍高水平运动员和教练等措施，国内体育赛事的商业潜力正在逐步释放，尤其是像中国足球超级联赛这样的顶级联赛在品牌建设和市场推广上有了新的突破。

其次，建立稳定的合作关系对于体育中介服务公司和上游赛事组织至关重要。长期的合作协议不仅有助于稳定赛事转播的 IP 资源，也有利于上游赛事组织在市场推广和运营管理上的持续优化。国际体育中介服务公司通常与赛事组织签署长达数年的合作协议，通过这种方式确保了双方在赛事经营和市场化运作中的共赢局面。这种长期合作模式不仅可以为体育赛事转播产业链的发展提供稳定的业务基础，还可以促进体育赛事的品牌建设和全球化推广。

除了上述因素，还需加强对体育赛事转播制作技术和人才队伍的培养。高水平的赛事转播制作不仅提升了赛事的观赏性和娱乐性，也为广告主提供了更多的品牌曝光机会。因此，通过引入国际先进的技术和管理经验，培养和吸引更多的专业人才，将是我国体育赛事转播产业链健全和发展的重要保障。

（二）丰富转播内容与形式，形成多元化盈利模式

针对我国体育转播产业市场缺乏活力的问题，深入开发体育转播产业的盈利能力是激发市场活力的关键环节，可刺激企业资本对体育转播产业市场的投资，形成市场良性循环。由于新媒体技术的不断涌现及成长，千禧一代的消费者对新事物以及消费有着更开放的态度，因此近年来将不断地涌现出新的体育赛事转播内容与盈利模式。

随着体育赛事转播产业传统业务，也即广告创收及转播权分销的商业模式已逐渐被各大公司掌握，新的市场增长点已经不大。而付费会员以及增值服务是目前体育赛事转播业务中的快速增长点。此外，随着新媒体的发展，体育赛事转播的间接盈利市场潜力巨大，主要有场景消费、社群经济、网络游戏、交易服务以及流媒体平台。场景消费的主要业务与近些年快速发展的虚拟现实技术（VR）有关，比较成功的案例有全景观赛与虚拟观赛。此外，近年来也出现了集赛事预订、出行服务、社交以及彩票服务于一体的休闲娱乐闭环生态服务，让用户对体

育赛事提供全方位的智能服务。社群经济的主要业务是指为体育赛事爱好者提供社交媒体互动平台，让体育爱好者之间、体育爱好者与体育赛事明星之间可以双向互动、交流，从而提高运动员知名度、市场价值等。网络游戏的主要业务是基于体育赛事及运动员数据，打造虚拟游戏供爱好者以体育赛事的组织方、运动员的视角体验生活，如俱乐部经理人、运动员等，爱好者可以全方位地体会到体育赛事市场的所有环节的乐趣，俱乐部经营、运动员交易等，受到越来越多体育爱好者的喜爱。交易服务则是针对体育赛事周边衍生商品进行零售，如球员签名球鞋，与球员面对面参加夏令营等，特别是在青少年群体中取得较好的反响。流媒体服务的业务是针对爱好者喜爱的赛事集锦、录像等提供线上服务，爱好者可以随时回味自己喜爱明星的精彩瞬间。

在当今的体育赛事转播市场中，大型企业通过创新内容和盈利模式，展现出多样化的发展策略。这些企业通过整合不同的业务板块，构建了全新的体育赛事观看和参与体验。

腾讯公司采用的"矩阵战术"是一个典型的例子。该公司将体育赛事与社交、支付、游戏等多个领域相结合，创建了一种情景式的互动服务。用户不仅可以在专属社区中与球星互动，还可以通过 Q 币投注等多样化的方式支持喜爱的球队。腾讯对 NBA 赛事的全方位服务链的打通，为用户提供了高质量视频、去广告观看服务，以及基于 NBA 赛事的网络游戏，这些举措不仅提升了用户体验，也为公司带来了丰厚的营收和品牌效益。

乐视体育则采取了一种大而全的模式，通过购买大量小众和新兴体育赛事的转播权，如棒球和高尔夫等，避免了与其他公司在主流体育赛事资源上的激烈竞争。乐视体育生态圈的构建不仅包括传统的付费会员和广告收入，还涵盖了智能家居硬件业务和线上商城，为体育板块的运动器材、体育旅游等提供了销售渠道。

苏宁则利用其线下实体销售的深厚基础，将体育板块作为跨接不同领域业务的桥梁。苏宁体育参与了对优质体育赛事节目资源的竞争，包括欧洲五大联赛和细分领域的体育赛事转播权。苏宁通过与俱乐部的合作，进行赞助和代言，提高了广告价值。同时，利用新媒体平台如"懂球帝"向爱好者推广各类商品，实现了 ToB 与 ToC 业务的双管齐下。

这些企业的策略体现了体育赛事转播市场的多元化和个性化趋势，通过创新的服务模式和盈利途径，为用户带来了更加丰富和个性化的体育观看体验，同时也为企业自身的发展开辟了新的增长点。

随着体育赛事转播业务中内容的更加丰富化和盈利模式的更加多样化，体育赛事转播市场的活力将会受到进一步激发，从而牵引体育赛事转播全产业链的发展。移动互联网时代的体育媒体，依然要坚持内容是根本的原则，以优质内容吸引客户，同时注重与用户的即时互动，关注用户反馈，增强用户的品牌认同，构建完整的用户生态，形成用户黏性。同时结合自身特点与外部环境变化，及时调整运营策略，发展多元化的运营模式和盈利模式，深入挖掘用户价值，提高自身业务的变现能力，在直接盈利变现业务如广告、会员、增值服务外积极发展间接变现业务，如游戏、体育彩票、电商、知识付费等，形成全面完善的体育赛事转播多元化业务链。

三、提升科技含量，发挥新技术的引领作用

（一）以需求为引导，健全新技术下相关配套建设

体育赛事转播产业的发展深受科技进步的推动，科技不仅是其发展的动力源泉，也决定了产业链各环节的变革和更新。从电视时代到互联网和移动互联网的普及，再到新技术如区块链的探索，每一次科技革新都给体育赛事转播产业带来深远影响。

体育赛事转播产业作为科技驱动的典型代表，始于电视时代的萌芽，随着电视机普及，体育赛事得以大规模的观众化传播，市场需求显著增长。随着互联网的兴起，PC 端的出现为体育赛事观看模式带来新的可能性，观众不再依赖传统电视转播，而是通过网络实时获取信息和观看直播。这一时期，体育赛事转播产业链开始逐步向 PC 端和移动端发展，推动了新技术的应用和衍生产品的开发。然而，体育赛事转播产业的快速发展也带来了法律法规和政策体系的滞后。尤其是在新技术涌现的背景下，如何建立和调整适应性强的法律框架成为关键问题。欧盟在保护体育赛事转播权方面采取了基于"独创性"的著作权保护措施，即转播信号的技术处理和创意性修饰可以被著作权法保护，这为其他国家在法律规范上提供了有益借鉴。

随着自媒体和个人直播的兴起，传统的转播模式面临新的挑战。个人通过手机等设备进行的直播不仅改变了传统转播的格局，也对版权管理和市场秩序提出了新的要求。在应对新技术挑战的同时，体育赛事转播产业也在探索利用区块链等技术来增强版权保护的有效性。区块链技术的去中心化、不可篡改等特点，为

版权管理提供了新的思路和工具。例如，通过区块链建立起的版权认证和交易平台，可以实现对转播内容的精确控制和管理，从而有效应对转播权益被侵害的问题。

随着互联网法院的推广和发展，以及全流程的在线审理方式，体育赛事转播产业在侵权维权方面也有了新的选择和机制。通过互联网审判的方式，可以降低维权成本，提高维权效率，这对于产业链中的各个参与者都是一种积极的推动和支持。

（二）构建复合背景专业团队，挖掘新技术价值

在体育赛事转播产业的发展中，新技术的应用已经成为推动行业进步的重要动力。随着科技的不断进步和创新，传统的体育赛事转播方式正逐渐被新技术所取代或者改造，这不仅是技术的进步，也是对产业链各个环节重新定义和优化的机会。因此，建设复合背景的专业团队，深入挖掘新技术的价值，成为当前体育赛事转播产业不可或缺的战略。

体育赛事转播不再是传统媒体和技术的结合，而是跨越多个学科领域的复合融合。从传媒学、信息技术到法律法规，每一个领域都对现代体育赛事转播产业的发展起着关键性作用。专业的传媒人才需要深入了解观众的行为喜好和市场趋势，为新产品和服务的设计提供前瞻性的建议；信息技术专业人才则基于其专业技术背景，开发创新的技术解决方案，如大数据分析、人工智能应用等，从而优化用户体验和提升转播效率；同时，法律法规领域的专业人士则需要为创新产品提供法律支持，保障其在复杂的版权和知识产权环境中的合法权益。

近年来，一些科技巨头如阿里巴巴和腾讯公司，已经在体育赛事转播领域展示了新技术的强大应用。阿里巴巴通过大数据和人工智能技术，构建了全面的反盗版控制系统和版权保护措施，从而有效应对网络版权侵权问题；腾讯则通过大数据分析和机器学习模式识别，实现了用户行为的精准分析和内容推荐，进一步丰富了观众的互动体验。此外，VR技术和全景重构技术的出现，为体育赛事转播带来了全新的观看方式，通过虚拟现实技术，观众可以在不同的角度和场景中体验赛事，这种互动性和沉浸感远超传统的观看模式。

未来，建设复合背景的专业团队将成为体育赛事转播产业不可或缺的竞争优势。这样的团队不仅具备传统传播和技术开发的能力，更重要的是能够在新技术和新兴市场需求之间找到最佳结合点。他们将深入理解新技术的背景和应用场景，挖掘新技术在体育赛事转播各个环节的潜力和颠覆性影响，为企业和品牌带

来创新的商业模式和运营策略。在这样的团队支持下，体育赛事转播企业能够更好地把握市场机遇，快速响应和适应变化中的市场需求。通过专业人才的协同合作，不仅可以提高技术创新的效率和质量，还能够有效降低市场风险和法律纠纷的潜在风险。因此，建设复合背景的专业团队不仅是体育赛事转播产业发展的内在需求，更是实现可持续竞争优势和产业链升级的关键路径。

第四章　休闲体育产业的
经营管理与创新发展

第一节　休闲体育产业经营与科学化发展

休闲体育产业的市场化经营，是休闲体育产业科学化发展的重要标志，也表明休闲体育产业的运营是按照市场经济发展规律进行的。当前，休闲体育产业正在朝全球化方向发展，休闲体育产业的管理者和经营者在引导休闲体育产业发展的过程中必须要面对大量复杂的各项信息，在结合企业实际发展情况的前提下，依据市场发展趋势，明确自身的市场定位和发展目标，在复杂的市场环境中实施恰当的管理手段。为了做到这一点，经营和管理者必须要对休闲体育产业市场化运营的相关概念、理论和规律有全面的认识和了解，通过市场现象抓住其中蕴含的本质规律，这样才能最终作出正确的决策，实现休闲体育产业的长期发展。

体育经营指的是在充分利用自身资源的前提下，体育经营单位能够在遵循市场规律的前提下持续生产体育商品并进行交换的一种有组织的经济活动。

在整个体育领域中体育经营活动只是其中的一种，所指代的是所有以体育活动为内容的，将盈利作为最终的目的，并通过商品的形式进入流通领域的一种经营活动。从现代体育经营活动的发展来看，其活动形式多种多样，并且含有丰富的内容，蕴含有多项功能，包括竞技、娱乐、文化、表演等。

休闲体育产业经营管理指的是一个国家的休闲体育产业中，处于高级层次的管理者对低级层次的管理客体，通过一系列手段来实现既定目标，对他人的活动进行协调的一种活动过程，所使用的手段主要包括领导、组织、决策、控制、创新等。对于休闲体育产业的市场化管理来说，其主要目的是促进体育竞技效益最大化的实现，在这一过程中需要使用科学的管理方法和管理手段。

一、休闲体育产业经营管理的基本要素

"休闲体育产业的高质量发展是推动落实全民健身和健康中国战略的关键之要（王盈盈和邓万金，2023）。"在经济管理学范畴，休闲体育产业经营管理应当由体育产品、环境要素、人力资源、财力资源、物力资源五方面的要素构成。

（一）体育产品

体育产品是体育经营单位开展体育经营活动的基础，并且体育经营者相关活动的开展也是围绕体育产品这个中心开展的。体育产品主要可以分为以下三类：

1. 体育劳务产品

（1）运动竞赛。各种职业联赛、业余比赛、国际赛事以及国内体育比赛都属于运动竞赛的范畴。这些比赛不仅提供了激动人心的观赏体验，还通过票务、广告、转播权等方式创造了巨大的经济价值。运动竞赛推动了相关产业的发展，如体育旅游、赛事组织与运营等。

（2）体育表演。体育表演是指通过精心编排的体育动作和技巧，向观众展示体育运动的美感和精彩瞬间。常见的体育表演形式有体操表演、花样滑冰、花样游泳以及篮球、足球等运动的技巧表演。体育表演不仅丰富了人们的文化生活，还能够推广体育项目、吸引更多人参与运动。

（3）健身辅导。健身辅导是体育劳务产品的重要组成部分，主要包括私人教练指导、团体健身课程、健康咨询等服务。随着人们健康意识的提高，健身辅导市场需求不断增长。专业的健身辅导能够帮助人们科学地进行体育锻炼，改善身体素质，预防疾病。健身俱乐部、健身中心等机构提供的健身辅导服务，为人们的健康生活提供了有力保障。

（4）场馆服务。场馆服务是指体育场馆为运动员和观众提供的各项服务，包括场地租赁、设施使用、赛事组织等。场馆服务不仅为体育赛事的顺利进行提供了保障，还为广大体育爱好者提供了良好的运动环境。现代化的体育场馆配备先进的设施和设备，能够满足不同类型的体育活动需求，提升了体育赛事和活动的整体水平。

2. 体育实物产品

（1）运动器材。运动器材是体育实物产品中最基础、最广泛的一类，包括各类球类、球拍、健身器械、运动护具等。高质量的运动器材不仅能提高运动表

现，还能有效预防运动损伤。随着科技的发展，运动器材不断更新换代，越来越多的高科技材料和设计被应用于运动器材的制造中，进一步提升了运动体验。

（2）运动服装。运动服装是指专门为运动设计的服饰，包括运动鞋、运动衣、运动裤等。运动服装需要具备舒适性、透气性和耐用性等特点，能够适应不同运动项目的需求。现代运动服装不仅在功能上不断提升，还注重时尚和美观，成为人们日常生活中的重要组成部分。

（3）运动饮料及运动营养补剂。运动饮料和运动营养补剂是体育实物产品的重要分支，主要用于在运动过程中或运动后补充身体所需的能量和营养。运动饮料能够迅速补充水分和电解质，防止脱水和疲劳。运动营养补剂则提供了蛋白质、氨基酸、维生素等多种营养成分，帮助运动员和健身爱好者提高运动表现，促进身体恢复。

3. 体育精神产品

（1）体育报纸杂志。体育报纸杂志是体育精神产品的重要形式，通过报道最新的体育新闻、赛事分析、运动员专访等内容，为读者提供丰富的体育信息。这类媒体不仅满足了体育爱好者的信息需求，还对体育文化的传播和推广起到了积极作用。

（2）图书画册。体育图书画册包括各类体育题材的书籍、画册等。这些出版物通过文字和图片记录体育历史、介绍体育项目、展示运动员风采，为读者提供了深入了解体育文化的途径。体育图书画册不仅是知识的载体，还具有一定的收藏价值和教育意义。

（3）影视录像。体育影视录像是指通过影像记录和传播的体育文化产品，包括体育电影、纪录片、比赛录像等。这些影视作品通过生动的影像和真实的情节，再现了体育赛事的精彩瞬间和运动员的奋斗历程，具有很强的观赏性和感染力。体育影视录像不仅丰富了人们的文化生活，还激发了更多人对体育运动的热爱和参与。

（二）环境要素

市场作为最基本的环境要素，直接影响着体育产业的运营与发展。在市场的有效运作下，体育企业能够获得更广阔的生存空间和发展机会。

1. 市场为休闲体育产业的各类商品和服务提供了必要的交易场所和需求支持

无论是体育用品的销售还是体育活动的组织，都需要通过市场这一平台进行。市场的存在使得企业可以根据消费者需求灵活调整产品结构和服务内容，更好地满足市场的多样化需求。

2. 市场竞争促进了休闲体育产业的提升和创新

在竞争激烈的市场环境中，企业不断追求产品品质的提升、服务水平的改善以及管理效率的提高，以求在激烈的竞争中脱颖而出。这种竞争压力推动了行业技术水平的提升和管理模式的创新，促进了休闲体育产业的长期可持续发展。

3. 市场为休闲体育产业的资本运作提供了良好的条件

资本作为企业发展的重要支持，通过市场可以实现有效配置和流动。投资者能够通过市场获取到足够的信息和投资机会，从而选择性地参与到体育产业中来，为企业的扩张和发展提供资金保障。

4. 市场环境的稳定性和透明度对休闲体育产业的发展至关重要

一个健康、公平的市场环境有助于企业建立良好的市场信誉，增强消费者和投资者的信心，进而吸引更多的参与者和资源投入到体育产业中。相反，如果市场环境存在不确定性和不公平现象，将会抑制企业的积极性，影响整个行业的稳定发展。

（三）人力资源

休闲体育产业的管理活动涉及管理者与被管理者，两者共同构成了产业经营管理的主体。管理者在此过程中扮演着至关重要的角色，他们的素质和能力直接影响着企业的运营效果与长远发展。

1. 作为休闲体育产业的管理者，必须具备对体育发展规律和市场趋势的深刻理解

这不仅包括对体育运动本身的认知，还需要对市场需求、消费者行为以及竞争格局有清晰的把握。只有通过对市场环境的准确把握，管理者才能制定出符合实际的经营策略和发展方向。

2. 现代经营管理方法的熟练运用是成功管理休闲体育企业的重要保障

管理者需要具备科学的管理理念和现代企业管理工具的操作技能，以有效提升运营效率和员工工作积极性。通过科学的管理手段，管理者能够在面对复杂多变的市场环境时做出及时的决策并调整策略，确保企业在竞争中保持灵活应变的能力。

3. 扎实的经营管理知识和强大的管理能力是管理者不可或缺的素质

管理者不仅要对财务、市场营销、人力资源等各方面有全面的了解，还要能够有效领导团队，协调资源，推动组织内部的协作与创新。优秀的管理者能够通过有效的团队管理和资源配置，提高企业的整体竞争力和市场影响力。

4. 对员工思想动态的了解和思想工作的有效开展也是管理者必须具备的能力

在休闲体育产业中，员工的思想动态直接影响着工作效率和团队凝聚力，管理者需要通过有效的沟通和激励机制，调动员工的工作积极性和创造力，使他们在工作中能够充分发挥个人潜力，为企业目标的实现贡献力量。

随着经济环境的不断变化和休闲体育产业发展的深入，管理者必须不断提升自身的管理水平和专业素养。他们需要不断学习和适应新的管理理念与技术，以应对市场竞争和行业变革带来的挑战。同时，管理者还应具备对体育管理系统结构和要素的全面理解，以确保在未来的实践中能够形成科学的管理思维和决策模式，推动休闲体育产业的持续健康发展。

（四）财力资源

财力资源指的是资金，作为体育活动开展的基础和支撑。在市场经济体制下，休闲体育产业获取资金主要依靠国家财政拨款和社会筹集两种方式。

1. 国家财政拨款

国家财政拨款作为资金来源的重要渠道，起源于计划经济时期。政府认识到体育在国家整体发展中的重要地位，因此逐步增加对休闲体育产业的财政支持。这种支持不仅体现在基础设施建设和大型赛事举办上，还包括促进群众性体育活动的开展，以提高全民的身体素质。《中华人民共和国体育法》规定了国家在体育事业发展中的法律责任，明确了政府对体育活动的扶持和资金投入。

2. 社会筹集

随着经济体制改革的深入和社会资本的增长，集资、捐资和借贷等多种形式的资金筹集渠道逐渐成熟和普及。企业可以通过股权融资、债务融资等方式获取所需的经营资金，这不仅丰富了资金来源，还促进了企业自身管理和运营能力的提升。

（五）物力资源

物力资源不仅包括生产所需的各类工具、原材料、机械设备，还涵盖了建筑物等多种物质要素。体育企业的管理者需要有效地管理这些物力资源，以确保其能够在经营活动中发挥最大的效益和价值。

1. 延长资源的使用寿命

对于体育企业的经营管理者而言，有效管理物力资源的核心目标之一是延长资源的使用寿命。这包括通过科学的维护保养和合理的使用规范，减少资源的损耗和磨损，从而延长其使用期限并节约替换成本。管理者需要建立健全资源管理制度，确保资源的正常运转和长期可持续使用。

2. 提高物力资源的使用效率

通过优化资源配置和管理流程，提升资源的利用率和生产效率，可以有效降低单位产品或服务的生产成本，提高企业的经济效益和竞争力。管理者需要根据实际情况，制订合理的资源使用计划和节约能源措施，以确保资源的高效利用。

3. 保证物力资源的价值能够充分发挥

这不仅包括确保资源的正常运转和功能完好，还涉及资源更新和技术升级的合理安排。管理者需要紧密关注市场发展和技术进步的动态，及时调整和更新企业的物力资源配置，以满足市场需求和企业发展的需要。

随着经济社会的发展和科技进步，体育企业面临的物力资源管理挑战日益复杂。管理者需要具备深厚的行业知识和管理经验，能够在快速变化的市场环境中灵活应对。他们需要不断学习和掌握新技术，引导团队在物力资源管理方面实现创新和进步。

二、休闲体育产业经营管理的科学原理

（一）人本原理

人本原理作为管理理论中的重要概念，强调以人为中心，关注和尊重每个员工的主观能动性和创造力。在企业管理中，有效实施人本原理不仅可以提升员工的工作积极性和效率，还能够促进企业的长期发展和持续竞争优势。

对于休闲体育产业经营管理来说，管理者需要理解员工的需求和动机，通过有效的沟通和激励机制，使员工在工作中能够感受到尊重和关爱，从而更加投入到工作中。一个能够实施人本原理的企业，不仅能够吸引优秀的人才，还能够留住他们，通过员工的创新和努力，共同推动企业的业务和战略目标的实现。具体如下：

1. 行为原则

所谓的行为，也就是人们在各种活动中所做出的各种动作。员工的行为是其

内在需求和动机的外在表现，而有效的管理应当深入理解和掌握这些动机。管理者需要通过了解员工的思想、情感和动机，制定出切实可行的管理策略和政策，以激发员工的潜能和创造力。只有在满足员工的心理需求和期望的基础上，企业才能够建立起健康和谐的工作氛围，促进员工的个人成长与企业整体发展的良性循环。每个员工都是企业的重要资产，他们的贡献和成就直接影响了整个组织的成就。因此，管理者在制定决策和执行策略时，应当考虑员工的意见和建议，建立起开放和透明的沟通渠道，使员工能够在企业发展中发挥更大的作用和影响力。除了关注企业的经济效益和运营成果外，管理者还应当注重员工的生活质量和工作满意度。通过为员工提供良好的工作环境、发展机会和福利待遇，管理者可以增强员工的归属感和忠诚度，进而推动企业的稳定和可持续发展。

2. 能级对应原则

能级从物理学概念延伸而来，原本描述了能量的分层结构，而在企业生产经营管理中，这一原则则应用于管理结构和人员配置方面。管理活动需要根据不同层次的能力和责任大小进行对应，以确保工作的高效进行和人才的充分发挥。

（1）企业管理结构常以稳定的正三角形形式展现。这种结构分为决策层、管理层、执行层和操作层四个层级，每个层级承担着不同的职能和责任。决策层负责制定公司战略和重大决策，管理层负责具体管理和协调，执行层则执行具体任务，操作层则直接参与生产和服务的实施。这种分层结构旨在确保企业在不同层次上能够有效运作和决策快速有效执行。

（2）能级对应原则强调了在同一层级内，对不同个体能力和责任大小的区分。不同的员工具有不同的能力和专长，因此应根据其能力水平分配相应的工作和任务。这种个性化的配置能够最大程度地发挥员工的潜力，提高工作效率和满意度。通过能级对应的方式，企业能够实现人尽其才的目标，使每位员工在适合自己能力范围内发挥最佳效果。

在实施能级对应原则时，管理者需关注并评估员工的实际能力和潜力，确保岗位分配与员工能力相匹配，避免因能力不足或过剩而导致的工作效率低下或资源浪费。这不仅有助于提升个体的工作动力和成就感，还能有效地提升整体团队的合作与效率水平。

3. 动力原则

在体育经营管理活动中，坚持动力原则是确保企业高效运作和员工积极性充分发挥的关键。动力原则涵盖了物质动力、精神动力和信息动力三个方面，每一种动力形式都对员工的工作动机和表现产生重要影响，从而影响到企业的整体绩效和市场竞争力。

（1）物质动力。物质动力作为最基本的动力形式，通过工资、奖金、福利等物质激励手段来调动员工的工作积极性。物质动力直接影响员工的生活品质和经济收入，是员工参与工作的基本动机之一。然而，物质动力也存在一定的局限性，过度依赖可能会导致员工对其他激励形式的忽视，同时在长期使用过程中，也可能产生负面效应，如员工对工作的热情减退或产生经济预期不符合的不满情绪。

（2）精神动力。精神动力强调通过建立共同的理想目标、尊重和关怀员工等方式来激发员工的内在动机和归属感。精神动力不仅能够弥补物质动力带来的局限性，还能够深化员工对企业文化和价值观的认同，促进员工与企业的长期关系稳定。例如，通过鼓励员工参与企业文化建设和社会责任活动，可以有效提升员工的工作满意度和团队凝聚力，进而推动整体业务的发展和成长。

（3）信息动力。信息动力在现代企业管理中具有越来越重要的地位，特别是在休闲体育产业这样技术和信息密集型的领域。信息动力通过及时的沟通反馈、知识共享和技能培训等手段，可以增强员工的工作能力和创新能力，从而提升企业的竞争力和市场反应速度。有效的信息动力管理不仅能够优化内部流程和决策效率，还能够促进组织各部门之间的协作和协调，为企业的可持续发展打下坚实基础。

在实际运用中，企业管理者需要根据具体情况和员工需求，灵活选择和结合不同的动力形式。这种选择应当综合考虑企业的战略目标、市场竞争环境以及员工的个人特质和动机因素。例如，在创新驱动的企业中，可能更需要依靠精神动力和信息动力来激发员工的创造力和团队合作精神，而在以生产效率为核心的企业中，则更侧重于物质动力的有效管理和激励。

（二）责任原理

责任原理在企业管理中的重要性不可忽视。它旨在通过明确每个人和每个部门的工作职责，有效促进组织目标的实现，充分发挥员工的潜力，提高工作效率和企业的整体绩效。

1. 作用

（1）责任原理强调了明确职责的重要性。在企业经营管理中，明确的分工是工作展开的前提和基础。只有当每个人清楚自己的任务和责任时，才能有效地进行工作协调和任务执行。例如，在休闲体育产业的运动训练管理中，明确的分工能够确保各项任务有序进行，避免工作重复或遗漏，从而提升整体运营效率。

（2）合理授权是责任原理的关键组成部分。职责与权力相辅相成，只有给予员工适当的权力和资源支持，他们才能够有效地履行所负责任务。合理授权不仅包括人力、物力、财力等方面的权力委派，还需考虑员工的能力与责任之间的匹配度，以避免权力过大或过小导致的管理失衡和工作风险。

2. 实施

在实施责任原理时，企业管理者需要重视以下方面：

（1）明确工作任务和计划。确保每个员工知晓自己的职责范围和具体任务，明确工作的数量、质量、完成时间和预期效益。

（2）设定清晰的工作规范。建立明确的工作流程和标准操作程序，帮助员工理解工作的具体要求和操作步骤，以保证工作质量和效率。

（3）强调责任与激励相结合。通过激励机制，如奖励制度和晋升机会，激发员工的工作热情和责任感，使其能够自觉地承担更大的责任和挑战。

（4）定期评估和调整。定期对员工的工作表现进行评估和反馈，及时调整工作安排和授权权限，以适应市场变化和业务发展需求。

责任原理的有效实施不仅有助于提升企业内部的管理效率和执行力，还能够优化组织结构，增强员工的工作满意度和忠诚度。通过明晰的职责分工和合理的权力授权，企业能够有效应对复杂多变的市场环境，实现持续增长和竞争优势。

（三）竞争原理

在休闲体育产业的经营管理中，竞争原理扮演着重要角色，其核心在于通过各种形式的竞争来激发个体和团体的潜力，推动整体业务的发展和提升。竞争原理的应用涵盖了不同层面和方面，从个人内部竞争到企业间竞争，都有助于促进效率和创新，以及提高市场竞争力。

竞争原理的核心在于优胜劣汰的规律。在休闲体育产业中，这一规律体现在对运动员、教练员甚至管理者的选拔和评估过程中。通过竞争，优秀的个体和团队能够脱颖而出，展现出更高的工作热情和创造力。这种竞争既是在成绩和业绩上的竞争，更是在个人和团队精神层面的竞争，促进了团队内部的凝聚力和协作精神的培养。

竞争意识的培养是管理者在休闲体育产业中实施竞争原理的关键。通过引入适当的竞争机制和竞争标准，可以激发员工的工作热情和进取心。管理者需要确保竞争是公平和透明的，避免竞争过程中出现不正当的操作或偏袒，从而确保竞争的公正性和有效性。竞争意识的建立还有助于推动员工自我管理和自我激励能力的提升，使他们能够在竞争中不断进步，实现个人和团队的共同发展。

另外，竞争标准和条件的一致性也是竞争原理应用的重要方面。在休闲体育产业中，尤其是管理运动员和教练员的过程中，确立统一的竞争标准和条件至关重要。这不仅有利于公平竞争的进行，还能够确保评价体系的科学性和客观性。通过设定明确的竞争标准，可以使每个参与者在同等的条件下竞争，从而有效评估他们的能力和表现，为业务决策提供可靠的依据。

在实践中，休闲体育产业的管理者需要根据企业的战略目标和市场需求，灵活运用竞争原理。这意味着不仅要在个人和团体层面上实施竞争机制，还需要在企业与企业之间的竞争中寻求合作与共赢的机会。竞争原理的应用不仅是为了单纯的排他性竞争，更是为了推动整个行业的进步和发展，促进资源的有效配置和利用，从而实现产业的可持续发展和最大化效益。

三、休闲体育产业经营管理的新理念

随着现代社会人们对于体育重视程度的不断加深，体育市场的发展也更加快速，对外开放程度不断提高。随之而来的是，休闲体育产业管理者所面临的挑战更是前所未有。在市场经济条件下，为确保现代休闲体育产业实现最大化的效益，管理者必须要从企业自身的实际情况出发，始终坚持科学的管理理念，不断创新经营管理方式，在对休闲体育产业经营管理的过程中，始终坚持将科学的管理理念贯穿其中。

（一）品牌经营

随着人们对体育重视程度的提升和市场竞争的日益激烈，管理者必须采用创新的经营理念来应对这些变化，以确保企业在市场中的竞争优势和长期发展。

品牌经营作为休闲体育产业管理中的重要策略，强调了品牌在企业经营中的核心地位。随着消费者对品牌忠诚度的增强，企业不仅是在销售产品或服务，更是在塑造和传播一种价值观和文化。通过有效的品牌建设和管理，企业能够在竞争激烈的市场中脱颖而出，吸引更多消费者的关注和认可，从而实现市场份额的稳步增长和品牌影响力的扩大。

随着市场经济的快速发展，休闲体育产业管理者面临着技术应用不断更新换代的挑战。高新技术的运用不仅提升了生产效率和产品质量，还推动了行业创新和发展。管理者需要不断引入和应用最新的科技成果，优化企业内部流程，以适应市场的快速变化和消费者需求的多样化。

另外，创新观念在产品开发和市场定位中也至关重要。休闲体育企业必须不断创新产品和服务，提升用户体验，以应对竞争对手的挑战。通过深入了解消费者需求和市场趋势，企业可以开发出更具吸引力和竞争力的产品，赢得市场份额和消费者的青睐。

在竞争激烈的体育市场中，管理者需要以科学的管理理念为指导，不断优化企业运营模式和管理策略。这不仅包括内部管理的精细化和效率化，还包括与外部环境的良好互动和协调。通过建立健全的市场调研机制和战略规划体系，企业可以更加灵活地应对市场的变化，把握发展的机遇，实现企业的可持续发展和长期竞争优势。

（二）知识管理

知识管理在体育企业经营与管理中扮演着重要角色，其涵盖了广义和狭义两个方面的概念。

从广义的角度来看，体育企业的知识管理是为了提升企业核心能力，通过动态管理过程对企业的知识资源进行整合和优化。这一过程既是静态的知识积累，也包括知识获取、整合、吸收、应用和创新等多个环节。通过有效的知识管理，企业能够更好地应对市场变化和竞争挑战，提升自身的创新能力和市场适应能力。

从狭义的角度来看，知识管理在现代生产领域指的是对知识型资产和资源的系统化管理。这些资产包括拥有知识的人才、技术资料、信息数据、经验教训以及创造性成果等。通过有效的管理，体育企业能够充分利用这些资源，提升工作效率和产品质量，推动企业的可持续发展。

在体育企业经营与管理的过程中，实现有效的知识管理离不开内部驱动力的支持和推动。主要的内部驱动力包括企业文化、高层领导支持、组织结构、信息技术基础设施以及激励机制。这些因素相互作用、共同发展，为企业知识管理的顺利实施提供了坚实的基础和支持。

企业文化是指企业内部形成的共同价值观、行为准则和工作方式，能够促进知识分享和团队合作，为知识管理提供文化氛围的支持。高层领导的支持和倡导则是推动知识管理战略落地的关键因素，他们的决策和资源配置能够为知识管理项目提供必要的支持和保障。同时，合理的组织结构和信息技术基础设施能够有效支持知识的获取、存储和传递，提升管理效率和反应速度。而激励机制则能够激发员工的积极性和创造力，促进知识管理实践的深入开展。

（三）关系管理

在休闲体育产业的经营管理中，关系管理被视为至关重要的策略和活动。这种管理方式不仅涵盖了体育企业与各类利益相关者的关系，还包括内部员工之间的互动和协作。其核心在于通过有效的沟通、协调和合作，确保企业能够在市场中稳健运作，并且与外部环境保持良好的互动关系。

1. 休闲体育产业管理者与消费者之间的关系

消费者是休闲体育企业的核心利益相关者，他们的需求和满意度直接影响着企业的市场地位和发展潜力。通过精确了解和持续关注消费者的需求变化，企业可以调整和优化产品与服务，提升市场竞争力，并建立长期稳定的客户关系。

2. 休闲体育企业与供应商和合作伙伴保持良好的关系

供应商提供了企业运营所需的各类物资和服务，而合作伙伴则可能涉及联合营销、赞助合作等形式的合作。有效的供应链管理和合作伙伴关系可以帮助企业降低成本、提高效率，同时也为企业带来更多的发展机会和市场资源。

3. 企业内部员工之间的关系

员工是企业的重要资产，他们的工作态度、团队协作能力直接关系企业的运营效率和内部氛围。通过建立公平公正的人力资源管理制度、激励机制和培训体系，管理者可以有效地激发员工的工作热情和创造力，提升整体团队的凝聚力和执行力。

在关系管理的指导下，休闲体育产业的经营管理者需要具备良好的沟通技巧和协调能力。他们需要能够理解和平衡不同利益相关者之间的利益和期望，通过建立互信互利的合作关系，实现企业与外部环境的良性互动和共赢局面。只有在这种积极有效的关系管理模式下，休闲体育企业才能在竞争激烈的市场中立于不败之地，实现长期稳定的发展目标。

四、休闲体育产业经营管理的环境分析

（一）休闲体育产业经营管理的宏观环境

1. 经济环境

在休闲体育产业的经营管理中，经济环境因素不仅包括体育企业在国内市场中所面临的经济条件和特征，还涉及国际体育市场对企业发展的影响和挑战。

经济环境直接影响着体育企业在国内市场中的运营和发展。随着国外体育企业大量进入中国市场，对本土企业形成了强烈的竞争压力，导致本土企业的市场份额受到挤压。这种竞争环境要求本土企业不断提升自身的竞争力和市场适应能力，通过创新、精细化管理等手段来应对外部竞争的挑战，保持市场份额和市场地位的稳固。

国际体育市场的发展对于本土企业的影响至关重要。我国的体育企业由于起步相对较晚，面对的国际市场竞争压力较大，市场竞争力相对较弱。在这种情况下，企业必须深入了解国际市场的运作规律和发展趋势，准确把握市场需求和消费者行为变化，通过市场定位、产品创新和品牌建设等策略来提升自身的国际竞争力。

在应对国际市场挑战的过程中，企业需要实施"知己知彼"的战略，即深入分析和了解自身的优势和劣势，结合对竞争对手的分析，制定灵活、有效的市场策略。这包括通过市场调研和数据分析，识别和利用市场机会，避免市场风险，从而实现在国际市场上的可持续发展和竞争优势。

2. 政治环境

政治环境直接影响着体育企业的内部管理政策、经营行为和发展策略。政治环境主要涵盖以下几方面：

（1）政治环境对休闲体育产业的影响体现在政府政策的制定和执行上。随着休闲体育产业在国民经济中的重要性日益凸显，政府对其发展的态度和政策支持至关重要。政府通过出台扶持体育企业发展的优惠政策，如税收优惠、财政补贴、场地资源的优先提供等措施，直接影响体育企业的经营环境和运营成本。

（2）政治环境还涉及市场监督和宏观调控。在社会主义市场经济体制下，政府不仅是市场的监管者，还承担着对休闲体育产业发展方向的引导和调控责任。政府通过建立市场准入机制、行业标准和规范，以及加强市场监督，保障市场秩序和公平竞争，从而推动休闲体育产业的健康发展。

（3）政治环境对体育企业的战略选择和发展路径也产生深远影响。政府的政策导向和发展战略影响着企业的投资决策和市场定位。在政策支持的背景下，休闲体育企业倾向于选择与国家战略和政策方向相契合的发展项目和领域，以获取更多的政策支持和市场机会。

3. 法治环境

法治环境指的是通过相关法律法规的规范和监管，维护市场竞争的公平性和秩序，确保各参与主体在合法框架内开展经营活动，从而促进整个体育市场的健康发展。

竞争作为市场经济的基础，对于休闲体育产业同样适用。只有在竞争公平的环境下，企业才能实现资源的最佳配置和利用，各项经营活动才能得以顺利展开。法治环境通过制定和执行法律法规，约束和规范市场参与者的行为，防止垄断和不正当竞争的发生，保护消费者的合法权益，维护市场的公平和透明。

在法治环境的指导下，体育市场的各个主体都需遵守法律的规定，履行自身的法律义务。这不仅有助于企业之间在公平竞争中发挥各自优势，还能保障消费者的选择权和知情权，促进市场资源的合理配置和经济效益的最大化。此外，法治环境的建设也需要体育企业自身的积极配合和参与。企业应建立健全内部法律法规体系，加强员工的法律意识和诚信意识培养，规范内部管理和运营行为，自觉维护市场秩序和公平竞争的环境。

4. 自然环境

自然环境在休闲体育产业的经营与管理中扮演着至关重要的角色，其影响涵盖了自然地理条件、人口分布等多个方面，直接影响着休闲体育产业的经营内容和效益。

（1）自然地理条件是休闲体育产业的重要基础。不同的自然地理环境如山水、海滨、森林等，决定了体育活动的种类和方式。例如，山区适合徒步登山和滑雪等户外运动，而海滨地区则适合海滩排球和水上运动等活动。因此，休闲体育企业在选择经营地点和开展项目时，必须充分考虑自然环境的特点和适宜性，以确保活动的安全性和吸引力。

（2）自然环境影响着休闲体育活动的季节性和持续性。不同的气候和季节变化会影响体育活动的举办时间和频率。例如，寒冷的冬季可能限制了户外水上运动的进行，而炎热的夏季则有利于水上活动的开展。因此，体育企业需要根据不同季节和气候特点，灵活调整经营策略和活动安排，以充分利用自然环境的优势和避免其不利影响。

（3）人口分布和密度也是自然环境因素中的重要组成部分。人口密集地区通常拥有更多的潜在消费者群体和市场需求，因此对于休闲体育产业来说，选择在人口密集地区设立运营点或推广体育活动，可以更好地实现市场覆盖和效益最大化。而在人口稀少或分散的地区，则需要通过创新活动内容和营销手段，以吸引更多的参与者和消费者。

5. 社会文化环境

社会文化环境包括一个国家或地区的民族特征、价值观、文化传统、教育水平、风俗习惯和社会结构等多方面因素。这些因素不仅影响着体育企业生产的产品和提供的服务，也深刻影响着企业的经营策略和市场行为。

在当前中国的体育发展背景下，体育被视为一项重要的事业和产业。国家制定的最高价值目标之一是提高国民的身心素质，增进国民的福祉，满足社会公众在身体健康和心情愉悦方面的需求。这种理念推动了全民健身运动的全面开展，全民健身热潮不仅成为国家政策的重要支持，也为休闲体育产业的蓬勃发展提供了有利条件。

休闲体育产业在社会文化环境的影响下，不仅要关注市场的经济效益，还需承担起促进社会文化进步、传播健康生活方式的责任。企业在制定经营策略时，必须考虑本土文化特征和民众的偏好习惯，以此为基础设计和推广符合市场需求的产品和服务。例如，结合当地的文化庆典和传统节日，开展相关体育活动和宣传推广，不仅能够增强消费者的参与感和认同感，还能够有效推动产品的销售和市场份额的提升。此外，社会文化环境的变化也对休闲体育产业的发展方向和战略规划产生深远影响。随着社会结构的变化和文化观念的更新换代，企业需不断调整经营策略，及时把握消费者的需求变化和市场趋势，以确保企业能够在竞争激烈的市场环境中保持竞争优势。

6. 科技环境

科技环境的存在直接影响着企业的内部运作和外部竞争力，同时也深刻影响到相关的经济和社会环境。

（1）科技环境对体育企业的内部管理和生产效率具有直接的影响。随着科技的不断进步，新技术的应用已经成为提升企业生产力和效率的重要手段。例如，通过信息技术的应用，企业可以实现生产流程的数字化管理，提高运营效率和产品质量。同时，先进的生产设备和技术工艺的采用，也能够帮助企业降低生产成本，增强市场竞争力。

（2）科技环境对经济环境的影响主要体现在产业结构和市场格局的变化上。随着科技进步，新兴技术如虚拟现实、智能穿戴设备等的出现，推动了体育产品和服务的多样化和个性化发展。这种技术驱动的变革不仅改变了消费者的偏好和需求，也带动了体育产业链条的延伸和升级，进一步促进了整个休闲体育产业的健康发展。

（3）科技环境还对社会环境产生了深远的影响。随着科技的普及和应用，体育活动的参与门槛降低，促进了更广泛的社会群体参与体育运动，推动了全民健身的进程。同时，科技的发展也促进了体育文化的传播和交流，增强了体育在社会中的影响力和地位。

（二）休闲体育产业经营管理的微观环境

体育企业的经营与管理不仅受到宏观环境的影响，并且还会受到微观环境的影响，并且微观环境的影响更为直接一些。需要注意的是，在对体育企业生产经营产生影响的所有微观环境中，其中的一部分因素是可以进行控制的，因此企业管理者要格外引起重视。

1. 休闲体育市场构成

（1）体育消费者。作为市场的主要"买方"，他们是体育市场营销活动的核心对象。体育消费者可以根据其购买行为和需求类型分为实物型、观赏型和参与型体育消费者。实物型体育消费者购买运动器材和运动服装等实体产品，观赏型体育消费者则是观看体育比赛和表演的群体，而参与型体育消费者则积极参与体育锻炼和技术培训。

（2）体育产品。在休闲体育市场中能够满足消费者需求的就是体育产品，实际上指的就是体育生产者提供给体育消费者用于价值交换的物（或服务）。

（3）体育产品供应商。即体育市场的"卖方"，它直接参与到市场交易中。体育产品供应商包括多种类型，如生产体育器材的制造商、运营体育场馆或健身娱乐场所的机构、运动员和俱乐部的所有者，以及管理体育协会和联盟等各类体育组织。这些供应商不仅提供各类体育产品，还通过市场营销活动和品牌建设，影响着消费者的购买决策和市场需求的形成。

在休闲体育产业的经营管理中，这些市场构成要素相互依存、相互作用，共同推动着体育市场的发展和壮大。企业必须深入了解体育消费者的需求和行为特征，精准定位市场细分，设计符合市场需求的产品和服务。同时，有效管理和合作体育产品供应商，建立长期稳定的合作关系，共同促进体育市场的健康发展和市场份额的增长。

2. 休闲体育市场供需

休闲体育市场供需关系是影响体育企业决策的关键因素，明确这一关系有助于企业制定更为科学合理的经营策略。随着国民收入水平的提升，消费者的购买力显著增强，体育消费需求呈现出持续增长的态势。在买方市场环境下，体育企业经营者需密切关注市场消费需求的变化，以便及时调整经营策略，满足消费者多样化的体育需求。体育企业要想在激烈的市场竞争中获得优势，就必须深入分析市场供求状况，准确把握消费者偏好，从而提高经济效益和市场竞争力。

（1）休闲体育市场供给。在庞大的体育市场中，会对体育市场内部的供求关系造成影响的因素主要有以下几方面：

1）生产者的预期。体育产品的生产者根据对市场未来走向的预期来调整产品的供给量和定价策略。如果生产者对市场有积极的预期，认为市场需求将增加或产品价格将上涨，他们可能会增加生产并提高产品价格以获取更高的利润。相反，如果生产者预期市场需求疲软或价格下跌，他们可能会减少生产以避免库存积压和价格下降的风险。

2）产品价格。一般来说，较高的产品价格会促使生产者增加供给，因为高价格意味着更高的利润空间。这种情况下，生产者会增加生产以满足市场需求，从而提高产品供给量。相反，如果产品价格低于预期或不能覆盖生产成本，生产者可能会减少供给量，以避免亏损。

3）生产技术水平。随着生产技术的进步和提高，企业能够降低生产成本，提高生产效率，从而增加产品的供给量。现代化的生产技术通常能够替代传统的手工制造，降低人力成本，提高生产效率，这对于大规模生产体育产品至关重要。

4）相关物品价格。体育产品往往伴随着各种相关物品，如体育比赛的冠名权、赞助合作、相关的文化创意产品等。这些相关物品的价格直接影响着体育产品的生产成本和最终价格设定。高昂的相关物品价格可能导致整体生产成本上升，从而影响体育产品的供给量和市场竞争力。

（2）休闲体育市场需求。体育市场需求作为体育产业经营与管理过程中的重要因素，直接影响着消费者对体育产品购买的决策和行为。这种需求的形成不仅受到消费者购买意愿和能力的影响，还受到多方面因素的综合作用。具体内容如下：

1）体育产品价格。一般来说，价格高昂的体育产品会降低消费者的购买意愿，尤其是在市场经济条件下，消费者通常会根据自身的经济状况和对产品的价值判断来决定购买数量。当价格合理或者有竞争优势时，消费者的购买意愿和数量则会相应增加。

2）消费者收入水平。消费者的收入水平决定了其购买能力的上限，高收入群体通常能够支持更多的体育产品消费，而低收入群体则对体育产品的购买量有所限制。因此，随着经济水平的提升，消费者对体育产品的需求量往往会随之增加；反之亦然。

3）消费者偏好。消费者对于特定体育项目或品牌的喜好程度会直接影响其购买决策。例如，在中国市场，足球、篮球、乒乓球等项目由于其广泛的受欢迎程度，因而拥有较大的市场需求。消费者的偏好不仅受到传统文化和社会习惯的影响，还受到大众传媒和宣传推广的影响。

3. 休闲体育产业资源

所谓休闲体育产业资源，涵盖了人力、物力和财力等多方面资源，这些资源共同构成了企业经营管理的基础。

（1）人力资源。人力资源不仅指员工的数量，也包括员工的素质、技能和创造力。体育企业需要具备高水平的教练和管理人才，他们不仅能够提供专业的指导和管理，还能够创新体育产品和服务，满足不断变化的市场需求。优化人力资源配置意味着在招聘、培训和激励方面做到科学合理，以确保员工能够充分发挥其潜力，为企业的长期发展贡献力量。

（2）物力资源。物力资源包括场馆设施、运动器材、技术设备等。体育企业需要投资于现代化的体育场馆和设施，以提升用户体验和服务质量。同时，优化物力资源配置还需要考虑设备的更新换代和维护管理，确保其在长期使用中保持高效运转，以满足用户对品质和安全的需求。

（3）财力资源。财力资源不仅限于资金本身，还包括资金的使用效率和资金来源的多样性。体育企业需要有效管理资金流动，确保资金用于创新研发、市场营销、设施建设和员工福利等方面，以提升企业的竞争力和市场占有率。同时，多元化的资金来源可以降低企业的财务风险，增强企业在市场波动中的抗风险能力。

4. 休闲体育产品消费者

消费水平反映了消费者对体育产品的实际需求和购买力，也间接反映了产品的市场接受度和竞争力。体育企业的经营管理者可以通过分析消费者的购买数量和消费水平，来调整企业的生产策略、产品定位和市场营销策略，以更好地满足市场需求，提升产品质量和服务水平，从而在竞争激烈的市场环境中取得更好的经营效果。

五、休闲体育产业经营管理的科学化发展战略

（一）发展契机

近年来，随着我国经济结构的调整和社会文化环境的变迁，休闲体育产业正逐步成为国民经济的重要组成部分。在这一背景下，休闲体育产业的发展展现出显著的优势和潜力。在市场经济环境下，休闲体育产业的发展所面临的机遇主要表现为以下几方面：

1. 日益完善的产业结构

随着产业结构不断优化，我国经济逐渐向服务业倾斜，特别是第三产业，即服务业的蓬勃发展成为经济增长的重要动力。休闲体育作为服务业的重要组成部分，其发展受到了国家政策的鼓励和支持。服务业在国民经济中的比重不断提升，这为休闲体育产业的健康发展创造了有利条件。

2. 良好的社会文化环境

随着人口结构的变化和城市化进程的加快，人们对健康生活的追求日益增强。休闲体育作为人们日常生活中重要的组成部分，不仅能够满足个体的健康需求，也为社会提供了大量的就业机会，有助于促进社会的和谐稳定。

3. 不断增长的市场需求

随着人们生活水平的提高和闲暇时间的增多，休闲体育消费市场蓬勃发展。政府在政策上的支持和引导，尤其是全民健身计划的实施，进一步推动了社会体育意识的普及和体育消费的增加。体育企业应当充分利用这一有利时机，通过科技创新和产品优化，满足消费者多样化的体育需求，推动体育产业全面发展。

（二）发展策略

"随着我国国民经济水平的不断提高，人们对于生活品质的重视程度也越来越高，休闲体育作为当今时下较为流行的一种健身、娱乐方式，被越来越多的人所接受（邓东青，2019）。"我国很多的体育企业开始逐渐走向国际体育市场，

与国外的优秀体育企业展开竞争，逐步走上国际化经营道路。从体育市场的发展情况来看，其是一种开放型的经济，同时市场内部也始终保持一种较为公平的竞争情况，这对休闲体育产业的国际化发展道路的顺利进行是极为有利的。我国休闲体育产业的国际化发展战略，对于提高我国的综合国力也是极为有利的。

1. 坚持科学化的发展理念

现代休闲体育产业想要实现可持续发展，就必须始终坚持科学的发展理念，这一理念不仅包括对企业内部员工的品牌意识、服务意识和创新意识的增强，也需要对企业各方面关系的合理协调和内部资源的优化配置。这些措施对于休闲体育产业进一步发展具有重要意义。

（1）科学化的发展理念要求休闲体育产业与国家的政策方针相适应，确保在经济建设、政治建设和精神文明建设等多方面实现协调发展。政府对休闲体育产业的全面支持，不仅是为了促进产业经济效益的提升，更是为了实现国家体育强国的战略目标。在此背景下，休闲体育企业需要确立清晰的发展方向，与国家战略相互融合，积极响应国家政策的引导和支持。

（2）科学化发展理念要求休闲体育产业在经营与管理过程中，与相关领域如大众体育、学校体育和社区体育等形成协同发展态势。通过促进各类体育形式的互动与融合，休闲体育产业能够扩展市场覆盖面，提升服务质量，从而实现产业链条的优化和效益的最大化。

（3）科学化的发展理念强调在休闲体育产业的经营和管理过程中贯彻创新理念。这包括管理理念和生产技术的创新，注重塑造良好的品牌形象和建立独具特色的企业文化。通过持续的创新，休闲体育企业能够不断提升竞争力，满足消费者日益多样化的需求，从而在市场竞争中占据领先地位。

2. 重视政府的宏观调控作用

在当前全球化和市场化的大背景下，政府作为国家治理体系的重要组成部分，其通过法律法规、政策措施和行政手段对休闲体育产业进行指导和管理，对于促进该产业的科学化经营与健康发展具有重要意义。

（1）政府通过建立健全的法律体系和政策体系，为休闲体育产业的发展提供了制度保障和管理框架。通过法律法规的制定和执法监督，政府可以规范市场秩序，保护企业的合法权益，防止不正当竞争和市场混乱现象的发生。同时，政府还可以通过政策措施，如税收优惠、财政补贴等，来引导和支持休闲体育产业的发展，营造良好的市场环境和投资氛围。

（2）政府可以制定倾斜性政策和措施，针对休闲体育产业的特点和需求，实施有针对性的支持和引导。这些政策可能包括财政扶持、土地资源供给、市场准入优惠等，旨在降低企业经营成本，提升产业竞争力，吸引更多社会力量和资本投入到休闲体育产业中来。通过打破行业、地域和部门之间的壁垒，政府还能够促进资源的合理配置和优化利用，推动整个产业链的健康发展。

（3）政府在休闲体育产业的未来发展中应具备战略眼光和长远规划。通过对产业结构的优化调整和多种资源的合理配置，政府能够有效应对市场变化和挑战，推动休闲体育产业向高效、高质量发展的方向迈进。政府的战略规划应当充分考虑科技创新、人才培养、市场需求变化等因素，为休闲体育产业的可持续发展提供有力支撑。

3. 经济与社会效益的有机统一

休闲体育产业作为一个特殊的服务性行业，在经营和管理过程中，经营者和管理者的首要目标是追求经济效益的最大化。然而，与其他行业不同的是，休闲体育产品和服务不仅是商品，更是关乎个体健康和社会文化的重要载体。因此，在追求经济效益的同时，如何实现经济与社会效益的有机统一成为休闲体育产业发展中的重要课题。

面对市场竞争和消费者需求的双重压力，休闲体育产业的经营者需要意识到，体育产品和服务的特殊性决定了其在市场中不仅是一种商品交换的关系，也是对人们身体健康和精神愉悦的需求响应。因此，科学化发展道路的实施应当把实现社会效益放在企业发展的首位，通过提供优质的体育产品和服务，积极培养和传播健康生活方式和社会道德，为社会文化进步贡献力量。

在实践中，经济效益和社会效益的有机统一体现在多个方面：首先，休闲体育企业需要通过持续创新和技术进步，提升产品的品质和服务的水平，以满足消费者对健康和快乐的双重追求，从而在市场中保持竞争优势。其次，企业要注重员工的职业道德和社会责任感培养，建立健康的内部文化氛围，通过员工的积极参与和服务态度，传递积极向上的社会价值观念。此外，休闲体育产业还应当通过社会公益活动和体育教育推广，促进全民健身意识的普及和提升，为社会健康贡献力量。通过与政府、教育机构和社会团体的合作，共同推动体育文化的传承和发展，为建设健康中国贡献力量。

第二节　休闲体育产业的融合发展创新

一、休闲体育与养老产业融合发展

（一）休闲体育与养老产业融合的理论依据

1. 健康老龄化理论

"体育健身休闲产业与养老产业融合发展是产业发展的必然趋势和现实需要（贝力，2016），"而健康老龄化理论作为理解休闲体育与养老产业融合的基础，针对全球人口结构日益老龄化的现实挑战，尤其是在发达国家和地区，提供了重要的理论支持和指导。随着医疗技术的进步和生活水平的提高，人们的平均寿命显著延长，但同时老年人口的比例也在快速增加，这给社会经济发展和公共健康管理带来了深远影响。在这一背景下，健康老龄化理论强调通过促进健康、提高生活质量和延长寿命来应对老龄化挑战，其核心思想是通过有效的健康管理和综合性的服务体系，使老年人群体能够在晚年享受更加健康、幸福的生活。

（1）健康老龄化理论关注老年人的健康问题。随着年龄的增长，人体各系统功能逐渐衰退，容易出现多种慢性疾病和健康问题，如心血管疾病、骨质疏松、糖尿病等。休闲体育作为一种积极的生活方式，通过适度的运动和体育活动，可以有效增强老年人的身体素质，提升心肺功能，增强骨骼肌肉的力量和灵活性，从而延缓生理衰老过程，减少慢性病的风险，提升生活质量。

（2）健康老龄化理论注重老年人心理健康的维护。随着年龄的增长，老年人普遍存在孤独感、抑郁情绪、认知能力下降等心理健康问题。休闲体育不仅提供了社交互动的平台，增强了老年人的社会参与感和归属感，还通过释放身体内的快乐荷尔蒙，如内啡肽和多巴胺，促进了情绪的愉悦和心理健康的改善。例如，参加集体健身操、跳舞、游泳等活动不仅能够缓解压力和焦虑，还有助于增强心理韧性，提高生活满意度。

（3）健康老龄化理论强调老年人群体的生活质量提升。除了身体健康和心理健康的保障外，健康老龄化理论还关注老年人生活的全面品质。休闲体育作为提升生活质量的重要手段，不仅为老年人提供了丰富多彩的活动选择，如健身、郊游、文化艺术表演等，还可以通过参与社区活动、志愿者服务等形式，丰富了老年人的社会生活，激发了他们的生活热情和活力。

2. 产业融合理论

产业融合理论强调不同产业之间的协同作用和互动，通过资源整合、技术创新和市场拓展，实现产业链的优化和效益最大化。在休闲体育与养老产业融合的过程中，这一理论框架为探索新的市场空间和商业模式提供了理论指导和实践路径，促进了整体产业的竞争力和可持续发展能力的提升。

（1）产业融合理论强调的是不同产业之间的协同作用。在休闲体育与养老产业的结合中，休闲体育作为一种促进身体健康和心理愉悦的活动形式，可以为老年人提供丰富多彩的生活选择，同时养老产业则致力于提供全方位的养老服务和健康管理。通过将两者结合，可以在保障老年人身心健康的同时，为他们提供更加丰富和满意的生活体验，从而实现协同效应，提升服务的综合性和效益。

（2）产业融合理论强调的是资源整合和技术创新。休闲体育产业和养老产业在资源和技术上各有其优势和特点。休闲体育产业拥有丰富的运动设施、健身教练和活动策划经验，而养老产业则具备专业的健康管理、社区服务和护理技能。通过资源整合，可以有效利用各自的资源优势，如将休闲体育设施与养老社区结合，提供定制化的健身活动和健康管理服务；同时，通过技术创新，如利用大数据分析老年人的运动偏好和健康数据，开发智能健身方案和个性化护理计划，满足老年人多样化的健康需求。

（3）产业融合理论强调的是市场拓展和商业模式创新。休闲体育与养老产业的结合不仅是简单的服务叠加，更是创造新的市场空间和商业模式。例如，通过建立老年人健康俱乐部或者专门的健身养老社区，提供"一站式"的健康管理和休闲活动，吸引老年人群体积极参与；或者通过开发健康管理 App，实现在线健身指导和健康数据监测，扩展服务的市场辐射范围。这些新的市场拓展和商业模式不仅提升了企业的营利能力，也满足了老年人日益增长的健康需求和生活品质提升的期待。

（4）产业融合理论对休闲体育与养老产业融合的重要性进行了深刻的理论阐释和实践指导。通过理论框架的应用，不仅促进了两大产业的良性互动和资源共享，还为社会和经济发展提供了新的增长点和创新动力。在老龄化社会背景下，产业融合不仅是产业发展的趋势，更是应对老龄化社会挑战、提升老年人生活质量的有效路径。因此，深入理解和实践产业融合理论，对推动休闲体育与养老产业的融合发展具有重要的现实意义和战略意义。

3. 生命周期理论

生命周期理论认为个体和产业在发展过程中会经历不同的阶段，包括成长期、成熟期和衰退期等。在老龄化社会背景下，老年人的需求和偏好随着年龄的增长而变化，从健康维护到社交互动再到文化娱乐，休闲体育与养老产业的融合正是根据老年人生命周期不同阶段的需求变化进行服务和产品创新的重要途径。

（1）生命周期理论强调个体和产业在不同阶段的变化和适应。老年人群体并非单一的市场群体，他们的需求和偏好随着年龄的增长和身体状况的变化而不断演变。在健康维护阶段，老年人关注健身活动和健康管理，希望通过适度的体育锻炼来保持身体的健康状态；而在社交互动阶段，他们希望通过参与团体运动或社交活动来丰富退休生活，增加社交圈子和情感交流；到了文化娱乐阶段，老年人更倾向于参与文化艺术活动、旅游观光等，享受生活的乐趣和精神上的满足。

（2）生命周期理论对休闲体育与养老产业融合提供了时间维度的考量。随着老年人群体从健康维护到社交互动再到文化娱乐的需求转变，休闲体育与养老产业的融合不仅是单一服务或产品的堆砌，而是需要根据老年人不同生命周期阶段的需求变化，提供多样化和个性化的服务和产品。例如，针对健康维护阶段的老年人，可以开发适合其体能水平和健康状况的健身活动课程和健康管理服务；对于社交互动阶段的老年人，可以组织社区活动、团体运动或者健身社交俱乐部，满足他们社交需求；而在文化娱乐阶段，可以推出文化艺术展览、旅游度假等产品，让老年人享受精神文化生活。

（3）生命周期理论的应用还涉及服务和产品的创新与升级。随着老年人群体生命周期阶段的变化，休闲体育与养老产业需要不断创新和升级其服务和产品，以适应老年人群体不同阶段的需求变化。例如，通过引入智能健身设备和健康管理 App，可以为健康维护阶段的老年人提供定制化的健康监测和健身指导；通过开发社交互动平台和社区活动，可以增强社交互动阶段老年人的社交参与感和归属感；通过推广数字文化平台和老年旅游产品，可以满足文化娱乐阶段老年人对精神文化享受的需求。

（4）生命周期理论对休闲体育与养老产业融合的意义在于，它不仅帮助理解老年人群体的多样化需求，还指导了产业如何根据老年人生命周期的不同阶段进行市场定位和产品策略调整。通过深入分析和理解生命周期理论，休闲体育与养老产业可以更加精准地把握老年人市场的发展趋势和消费行为，推动产业的持续创新和发展，为老年人提供更加贴近实际需求的优质服务和产品。

（二）休闲体育与养老产业融合的必要性

从个体健康和生活质量的角度看，休闲体育与养老产业的融合对于老年人群体的健康和生活质量有着显著的促进作用。随着全球老龄化趋势的加剧，老年人口数量增多，同时老年人对健康管理和生活品质的需求也日益增加。休闲体育作为一种积极的生活方式，通过适度的运动和体育活动可以提升老年人的身体素质、增强免疫力，延缓身体衰老的进程。同时，养老产业则提供了针对老年人的护理、康复、社会参与等多方面的服务，为老年人的生活提供全面支持。将休闲体育与养老产业融合，不仅可以满足老年人多样化的健康需求，还能够提升他们的生活质量和幸福感。

从社会经济发展的角度看，休闲体育与养老产业的融合能够创造新的经济增长点和就业机会。随着老年人口的增加和老龄化社会的到来，休闲体育和养老产业的市场潜力巨大。通过发展休闲体育与养老产业的融合模式，可以激发消费需求，推动相关产业链条的发展，促进经济的多元化和可持续增长。例如，开发适合老年人的健身设施和活动项目、推广老年人参与的社区体育活动，不仅可以扩大休闲体育市场规模，还能够提升养老服务的专业化水平，创造更多的就业机会和经济效益。

从产业发展和可持续性的角度看，休闲体育与养老产业的融合可以促进产业结构的优化和升级。传统的养老产业往往以医疗护理为主，忽视了老年人群体对精神文化生活和社交互动的需求。而休闲体育作为一种全面的健康生活方式，可以为老年人提供多元化的服务体验，包括运动健身、文化娱乐和社交互动等，从而满足老年人群体全面健康需求。通过融合休闲体育和养老产业，可以推动产业的多元化发展，提升产业的竞争力和可持续发展能力，实现产业的良性循环和长期发展。

（三）休闲体育与养老产业融合的策略

1. 促进资源融合

（1）维持良好的政策体系。良好的政策体系利于产业融合。政府可依据产业融合目标，制定新管理制度和运营标准，提高办事和机构服务效率，引导并促进产业融合管理监督运行，营造良好的政策支持环境，促进产业重组、整合和融合。防止企业因各种地方保护主义等势力影响而增加企业交易成本，杜绝产业扎堆集中却无融合、产业设施低水平重复建设、因竞争过度而导致资源浪费等不利于产业融合的现象。同时，应发挥自身资源优势，鼓励产品融合创新，增加产业间的交流学习，如建立开放性的融合平台，增强产业间生产要素流动，减少产业同构化占比，杜绝产业间无意义的引资争端。

（2）体育地位在政策上的前置。党的二十大提出，把保障人民健康放在优先发展的战略位置，完善促进人民健康政策。《"健康中国2030"规划纲要》提出，要健康干预，让百姓从被动治疗到主动防御，树立"四位一体"的"大健康"概念，以及四个"前置"，即国家经济与社会发展的整体活动中体育地位的前置、在医疗健康干预与非医疗健康干预排序过程中体育地位的前置、在学校教育中体育地位的前置、在体育内部要做到全民健身地位的前置。

针对国家诸多相关政策文件的共同要求，政府应注重将体育在政策上的地位进行前置，突出体育的重要性，促进相关政策制度和资源的融合。首先，各级政府应提高政策文件中对体育方面文字叙述频率，引起各单位与百姓对体育健康的重视，并引导百姓培养"大健康"以及主动健康的概念。政府应及时监察下级政府、机构等的实施与执行，是否将体育的地位前置，如学校是否在教育中融入体育健康前置的内容，安排课时等方面是否注重体育课、体育活动课的课时比重等，抑或在社区机构是否对老年人群体进行适当宣传与普及体育健康的知识，以及体育地位的前置等。

2. 丰富产业融合

（1）体养融合。政府应当发挥主导作用，积极推动体养融合，整合各方资源，以实现老年人健康与幸福生活的双重目标。

1）政府应在社区老年体育组织的建设和管理中起到核心作用。通过支持和组织老年体育协会、社会体育协会等基层社区体育组织，政府可以有效协调社区内各类自发性健身组织的关系，解决健身场地和场馆的纠纷，确保老年人拥有安全、便利的健身环境。这些组织还可以通过慈善捐赠和志愿服务项目，进一步丰富老年体育活动的内容和形式，提升老年人的参与度和幸福感。

2）政府应促进老年大学与老年体育协会的合作，使这些机构成为服务老年人体育健身和体育知识教育的重要场所。通过组织老年人趣味体育竞赛和文艺晚会等活动，不仅可以提高老年人的参与度和积极性，还可以丰富他们的精神文化生活，增强社区凝聚力。老年大学和社区的协同合作，有助于为老年人提供一个综合性的体育和文化教育平台，满足他们的多样化需求。

3）私营机构如健身俱乐部和旅行社也应在体养融合中发挥积极作用。这些机构拥有丰富的体育资源和专业的服务能力，能够为有慢性疾病和需要积极运动的老年人提供专业的健身和康复服务。政府应整合这些私营机构的资源，并与民政部门、老龄委和卫生部门等进行联动，推动社区老年公共服务体系与保障机制的建设和完善。通过部门协作，可以更好地服务于老年人群体，确保他们在社区中享有全面的健康和养老服务。

4）政府需要特别关注老年人群中的特殊群体，如孤寡老人、空巢老人和退伍老人等。这些特殊群体往往在生活状态和健康水平上面临更多挑战，政府应采取有针对性的行动，为他们提供必要的支持和帮助。例如，通过建立专门的健康监测和服务体系，提供心理咨询和社会关怀等服务，确保这些老年人群体的身心健康。

（2）"体育+互联网"融合。通过利用新媒体和数字化技术，政府可以为老年人打造一个虚拟体育社区和数字养老健康融合平台，从而提升老年人的生活质量和幸福感。

1）构建老年人体育虚拟社区。政府可以通过新媒体平台和技术，建立虚拟体育博物馆和虚拟体育健身文化场景等数字化集群，形成一个以促进老年人体育运动和健身为主的虚拟社区。在这个虚拟社区中，老年人不仅可以参与各种体育活动，还可以学习相关的体育知识，形成浓厚的体育虚拟社区文化。

新媒体平台提供的互动性和便利性，使得老年人可以通过简单的操作就能参与到各种体育活动中。例如，政府可以通过虚拟现实技术，为老年人提供身临其境的体育健身体验，增强他们参与体育活动的兴趣。同时，通过数字化的互动平台，老年人可以与其他用户交流，分享健身心得，形成一个积极健康的社区氛围。这种虚拟社区不仅可以提高老年人的身体健康，还可以增强他们的心理健康。通过参与虚拟体育活动，老年人可以减少孤独感，增加社交互动，提升生活满意度。同时，虚拟社区的建立也有助于形成主动健康和终身体育的理念，鼓励老年人养成良好的运动习惯，延长健康寿命。

2）构建数字养老健康融合平台。政府可以借鉴其他城市的经验，推出"5G+数字养老"健康融合平台，为老年人提供全面的健康管理服务。通过这个平台，老年人可以方便上报或了解自身的健康信息，实现健康数据的实时监测和管理。数字养老健康融合平台可以整合多种功能，为老年人提供全方位的健康服务。例如，平台可以提供在线咨询和线上就诊服务，老年人无须出门即可获得医疗咨询和健康指导。同时，平台还可以提供健康知识普及和健康活动推荐，帮助老年人更好地管理自己的健康。此外，数字养老健康融合平台可以通过大数据分析，为老年人提供个性化的健康管理方案。通过对老年人健康数据的分析，平台可以为每位用户制订针对性的健康管理计划，帮助他们更好地预防疾病和保持健康。这不仅可以提高老年人的生活质量，还可以减轻医疗系统的负担，实现健康资源的高效利用。

（3）体医融合。在当前全球老龄化加剧的背景下，体育与医疗的融合（简称体医融合）成为应对老年人健康问题的一个重要策略。国外发达国家普遍实施养老、医疗、护理、健康评估等一体化全方位服务，为老年人提供全面的健康管理。中国在这一领域提出的体医融合核心理论，主要包括两个方面："为了健康该如何运动"和"为了降低疾病风险该如何运动"。这一理论旨在将老年人的体育健身锻炼与疾病预防相结合，促进健康老龄化。体医融合的关键在于技术、资源和话语权三方面融合。

1）技术融合。从体育的角度看待医疗，避免相关技术人员和民众对运动、疾病和健康等方面的片面认识。技术融合要求体育和医疗专业人士共同合作，通过科学的运动处方和康复计划，帮助老年人进行合理的体育锻炼，预防和管理慢性疾病。

2）资源融合。资源融合是指体育系统的人力资源、场地资源与医疗资源之间的整合。通过整合不同系统的资源，可以有效利用现有的体育设施和医疗设备，为老年人提供更加全面的健康服务。例如，体育场馆可以在非赛事期间开放给社区老年人使用，同时医疗机构可以派遣专业人员到体育场馆提供健康指导和医疗服务。这种资源的共享和整合，不仅可以提高资源的利用率，还能为老年人提供更加便捷和多样化的健康服务。

3）话语权的融合。各层人员的话语对民众有着重要的影响，尤其是在健康和运动方面。例如，患者在很大程度上受医生的影响，其运动康复和日常生活习惯往往会受到医生建议的指导。体育明星和知名运动员的话语则对青少年的体育健身行为有很大的引导和带动作用。通过融合不同层面的话语权，可以形成更广泛的健康宣传和教育，促进全民健康意识的提升。

在具体的实施过程中，"四合作"模式是推动体医融合的重要手段。这一模式包括国家级的体医融合中心、三甲医院、社区医院和地方体育局之间的合作。通过国家级体医融合中心的引导和协调，可以推动三甲医院和社区医院与地方体育局的联动，形成从上到下的全面合作网络。例如，政府可以有意识地将体医融合中心与各大三甲医院（如医科大学附属医院、人民医院等）、社区医院和体育局进行联动，利用社区和医院作为平台，将体育、医疗和养老三种资源有机整合。这种多方合作的模式，可以通过多种融合方式，发挥体育健身、社交、文化与娱乐的多重功能，实现老年人身体健康和精神追求的双重目标。例如，社区医院可以定期组织老年人健康讲座和运动指导，体育局可以举办老年人体育赛事和活动，通过这种方式，促进老年群体的身体健康和社会参与感。

（4）"1+1>2"的多领域融合。"1+1>2"的多领域融合理念在大健康背景下显得尤为重要，尤其是在康养小镇的开发与建设中。这种融合不仅符合绿色、可持续发展的理念，还能最大限度地发挥各领域的协同效应，从而实现真正的"1+1>2"的效果。在此背景下，康养小镇作为集旅游、绿色、养老、休闲体育等多领域融合的新型特色产物，具有广阔的发展前景。

1）健康产业需要将旅游、体育和养老等多领域进行有机融合，形成具有地方特色的康养小镇。这一过程不仅包括基础设施的建设，还需要整合各种资源，提供综合性的健康服务。例如，将少数民族传统体育项目引入康养小镇，形成具有地方文化特色的体育活动。通过创新传统体育项目，使其符合现代人的审美和健康需求，营造独特的体育文化氛围，既传承了民族文化，又丰富了康养小镇的体育内容。

2）康养小镇可以通过融合绿色理念，打造生态和谐的生活环境。例如，在康养小镇内组织老年人进行植树活动，形成老年植树文化。这不仅有助于改善生态环境，还能增强老年人的社会参与感和成就感，促进身心健康。同时，通过这种方式可以推动产业的多领域融合，形成绿色、生态、健康的可持续发展模式。

3）康养小镇可以通过一体化旅游服务，进一步整合和优化资源。例如，可以设计一整天的康养旅游行程，包含从早到晚的各类健康活动和服务。早上，游客可以品尝地方特色美食；随后参加登山和植树活动，感受自然之美；午餐后，可以参加体育文化宣传，观看体育养老相关的节目；下午进行老年趣味比赛和休闲活动；晚餐后，可以选择入住特色养老公寓或泡温泉放松身心。这种一体化旅游服务不仅能提高老年人的生活质量，还能促进体育消费和健康老龄化，进一步推动各领域的融合发展，打造健康生活目的地品牌。

在实现休闲体育与养老产业的融合创新方面，需从社会、认知、技术、产品、业务和市场等多个角度进行探索。政府和相关部门应首先进行市场融合，推出核心康养服务产品，并与其他领域进行多元化合作与竞争。例如，与数字化和新媒体领域的融合，可以为老年人提供穿戴辅助设备或智能软件设施；与旅游产业融合，可以推出多样化的休闲健身旅游服务或其衍生产品；与建筑产业融合，可以构建便捷的体育场馆和活动中心；与制造产业融合，可以提供专为老年人设计的运动服饰、跑鞋和运动保健食品等。

3. 加快场景融合

（1）建立坚实的市场基础。

1）产业融合必须依靠坚实的市场基础。加强健康服务市场的维持，满足标准化、层次化和模式化建设，以及完善社会养老体系，有意识地缩小城市间、城乡间的经济差距。

2）经济发展对产业融合有着作用效应。经济发展使各产业边界逐渐模糊，从而促进产业重新划分，改变产业整体属性，改善产业供需不匹配现状。通过供需匹配的新兴产业经济结构，如构建区域产业集群建设，推进区域经济一体化等措施，杜绝产业同构化现象并促进产业升级，推动产业与经济结构转型升级与供给侧结构性改革，建立坚实的市场基础。

（2）加强学科建设和人才培养。

1）加强学科建设和人才培养。完善创新人才培养模式，如整合资源建立教育培训机构，有针对性地招收和储备跨专业、跨行业的知识融合型人才。

2）顺应时代与社会环境发展趋势，充分利用跨专业、跨行业的知识融合型人才打造创新项目，如打造老年人云课堂，通过新媒体平台对老年人进行体育基础理论与健康养老知识的科普，引导老年人主动去网上学习与线下进行休闲体育运动，还可提供定期提醒老年人医院体检功能，促使老年人养成定期医院体检的良好习惯等。

3）采取战略创新和经营模式创新，提高相关学科建设。相关企业或机构应灵活运用"知识学习、知识吸收、制度建设、人才培养、价值匹配"的举措，围绕产业融合进行战略创新。

4）企业加强产业融合理念和战略创新，从衣食住行四个方面打造适合老年人的休闲体育运动品牌、健康食品品牌、体育养老公寓品牌和运动代步器材品牌等，还可根据老年人的喜好与老牌 ID 进行联名联动，如"东方红冲锋衣""黄梅细面""凤凰牌三轮车"等，促进老年人的体育消费。

5）在城市中或跨省构建新兴产业价值链制度化、标准化建设，提供新型渠道衔接和融合方式，可在借鉴其他省份经验与国际经验的同时，为产业融合提供新思路与新方向。

4. 重视思想融合

（1）主动健康新思想的宣传。

1）建立新型休闲体育机构组织。政府应当调动社会资源，成立专门针对老年人的新型休闲体育机构和组织，如老年人健康体育社区或委员会。这些组织的主要目标在于宣传和推广主动健康的体育养老理念，引导老年人积极参与体育活动。同时，这些机构还应当不断创新，开发出具有地方特色的体育养老项目。新型休闲体育机构可以定期举办各种老年人体育赛事。例如，室外活动可以包括老年登山、竞走等比赛，室内活动可以有台球、高尔夫等比赛，而水上活动则可以举办冬泳比赛。此外，这些机构还可以组织老年趣味体育竞赛，与在校学生进行互动，如肺活量大比拼、花样跳绳、接力赛等。文化类活动也不可忽视，如老年广场舞、大合唱、书法大赛以及武术、太极展示等，这些活动不仅丰富了老年人的生活，也增强了他们的身体素质和心理健康。

2）国际和乡村体育交流。利用地域优势，这些机构还可以推动与邻近国家老年群体的互动交流，构建良好的国际社会环境，促进国际间的体育和养老产业融合发展。此外，乡村振兴战略也应同步进行，通过举办老年人特色体育文化节或农村老年人特色体育项目，如插秧比赛、收麦比赛、抓鸭子比赛等，进一步推动乡村体育的发展。

3）营造良好的社会环境。为了让老年人重视并主动参与体育运动，城市规划中应将"15分钟健身圈"纳入重要议程，确保老年人在日常生活中能够方便地进行体育锻炼。政府应重视并完善各社区的老年健身器材，打造便民健身长廊，提供安全、便捷的健身环境。

4）加大宣传力度。利用新媒体平台，加大对全民健身的宣传力度，采取老年人体育文化视频征集等活动，构建新媒体休闲体育与养老结合的新氛围。通过这些活动，引导老年群体积极参与互动，逐步改变他们的生活方式和精神状态，增强他们对休闲体育生活的理解和适应能力，为产业融合提供广泛的群众基础和必要保障。

5）构建新型老年人休闲体育生活方式。相关部门和企业应主导构建符合老年人需求的新型休闲体育生活方式，统筹资金和资源，建立与之相配套的场地和设施。例如，可以建设适合老年人使用的体育场馆，提供适合老年人的运动器材和服务。同时，还应关注社会上的特殊老年群体，如残疾老人、空巢老人和军队退役老人等，给予他们足够的社会关注和支持。政府与相关企业和机构应为这些特殊群体专门打造适合他们的社会服务和产品设施，确保他们能够享受同样的健康养老服务。

通过上述多方面的努力，可以有效地推动休闲体育与养老产业的融合发展，实现老年人群体的健康老龄化目标。这不仅有助于提升老年人的生活质量，还能促进社会的和谐与进步，构建一个更加健康、幸福的老龄化社会。

（2）体育运动处方的探索。体育运动处方作为一种新兴的健康管理方式，近年来受到越来越多的关注。它是由专业人士根据个体的健康状况、体质特征、生活习惯等多方面数据，制订出一套个性化的运动计划。这种计划旨在通过科学合理的运动方式，帮助个体实现康复治疗或预防健身的目标。

体育运动处方的制定过程需要综合考虑个体的生理、心理以及社会环境等多方面因素。专业人员会通过一系列的评估和测试，如体能测试、健康状况问卷调查等，来详细了解个体的具体情况。然后，根据评估结果，制定出一套适合个体的运动方案，包括运动类型、运动强度、运动时间、运动频率等。

体育运动处方的应用范围非常广泛，尤其适用于老年人群体、亚健康人群以及慢性病患者。对于老年人来说，随着年龄的增长，身体机能逐渐下降，适当的运动可以帮助他们维持身体活力，预防跌倒等意外伤害。对于亚健康人群，体育运动处方可以帮助他们改善生活方式，提高身体素质，预防疾病的发生。对于慢性病患者，体育运动处方可以作为药物治疗的辅助手段，帮助他们控制病情，提高生活质量。

随着社会的发展和人们健康意识的提高，体育运动处方的发展前景非常广阔。未来，体育运动处方有望成为人们日常生活中的一部分，为更多人提供个性化、科学化的健康管理服务。同时，随着科技的进步，体育运动处方的制定和实施也将更加智能化、便捷化，更好地满足人们的需求。

二、休闲体育产业与健康旅游产业

"我国社会的快速发展给群众提供了经济生活水平的提升，同时带来了消费产业上的升级与优化，以体育旅游休闲产业为代表的消费方式正在广泛传播，这也意味着全民进入了体育旅游休闲产业的消费中。当下中国政府高度关注国民的健康问题，体育作为提升居民健康水平的主要手段，在当下的产业发展中对于健康有着重要而且直观的作用（徐运君，2021）。"

（一）休闲体育产业与健康旅游产业融合的基础

1. 具备坚实的基础

休闲体育产业和健康旅游产业的融合发展具备坚实的基础条件，主要体现在以下几方面：

（1）经济基础。随着人们生活水平的提高和消费能力的增强，健康意识和休闲娱乐需求逐渐上升，推动了休闲体育和健康旅游产业的共同发展。现代人更加注重身体健康，愿意投入更多的时间和金钱在休闲体育活动和健康旅游上，这为两者的融合发展提供了广阔的市场基础。

（2）政策支持。各级政府出台了一系列政策，鼓励和支持健康产业和体育产业的发展，这些政策为休闲体育与健康旅游产业的融合创造了良好的外部环境。政府在基础设施建设、财政补贴、税收优惠等方面给予支持，进一步推动了两大产业的融合发展。

（3）技术进步。现代科技的发展特别是互联网、大数据和人工智能技术的应用，使休闲体育和健康旅游产业的融合更加便捷和高效。通过技术手段，可以实现休闲体育活动和健康旅游服务的无缝对接，提供个性化的服务方案，提高用户体验感和满意度。

2. 显著的互补优势

（1）资源互补。休闲体育产业拥有丰富的体育资源，如体育场馆、运动器材、专业教练等，而健康旅游产业则拥有丰富的自然和人文资源，如温泉、森林、文化遗址等。两者的融合可以实现资源的优化配置和共享，提升整体服务质量和竞争力。

（2）服务互补。休闲体育产业注重运动健身和竞技娱乐，强调身体素质的提升和体育精神的弘扬，而健康旅游产业则注重身心健康和休闲体验，强调健康管理和心理调适。两者的融合可以提供更全面的健康服务，满足人们多样化的健康需求。

（3）市场互补。休闲体育产业市场主要集中在年轻人和中年人群体，而健康旅游产业市场则涵盖了老年人、家庭和特殊人群等。两者的融合可以拓展市场范围，吸引更多的消费群体，增加市场份额和经济效益。

3. 市场需求的变化和升级

休闲体育与健康旅游产业的融合发展，是市场需求不断变化和升级的结果。现代社会中，人们的生活节奏加快，工作压力增大，健康问题日益突出。随着健康观念的普及，越来越多的人开始注重身心健康，希望通过休闲体育和健康旅游来缓解压力、放松身心、提升健康水平。

人们对休闲体育和健康旅游的需求日益增长，特别是在旅游中加入体育元素，如徒步旅行、山地自行车、瑜伽等，已成为一种新的旅游趋势。同时，人们也希望在日常生活中能够参与更多的体育活动，如健身、跑步、游泳等，享受运动带来的健康和快乐。

（二）休闲体育产业与健康旅游产业融合的模式

1. 资源共享模式

资源共享模式是指休闲体育和健康旅游产业通过共享资源，实现优势互补和协同发展。例如，体育场馆可以开发成为健康旅游景点，吸引游客参与各种体育活动；旅游景点则可以设置体育设施和项目，丰富旅游内容，提升游客体验。资源共享模式能够充分利用现有资源，降低运营成本，提高服务效率和质量。

2. 产品整合模式

产品整合模式是指将休闲体育和健康旅游的产品进行有机整合，形成综合性服务产品。例如，推出"体育+旅游"的套餐服务，将体育比赛、运动训练与旅游观光相结合，提供一站式服务；开发"健康+旅游"的主题线路，将健康体检、养生保健与旅游休闲相结合，满足不同人群的健康需求。产品整合模式能够提供更丰富的服务内容，提升产品附加值和市场竞争力。

3. 联合营销模式

联合营销模式是指休闲体育和健康旅游产业通过联合开展市场推广和营销活动，实现品牌效应和市场扩展。例如，共同举办体育赛事、健康旅游节等活动，吸引更多的消费者关注和参与；联合开展广告宣传、促销优惠等活动，提升品牌知名度和市场影响力。联合营销模式能够整合资源、扩大影响，增强市场竞争力和吸引力。

4. 创新服务模式

创新服务模式是指通过技术创新和服务模式创新，实现休闲体育和健康旅游产业的深度融合。例如，利用互联网、大数据、人工智能等技术，提供个性化的健康管理和体育服务；开发智能穿戴设备、健康监测设备等产品，提供便捷的健康监测和管理服务；利用虚拟现实技术，打造沉浸式的体育和健康旅游体验。创新服务模式能够提升服务水平和用户体验，推动产业升级和发展。

（三）休闲体育产业与健康旅游产业融合的机制

休闲体育产业与健康旅游产业两大产业融合机制是指两大产业在互动融合发展过程中主客体发生作用的过程，为其融合的结果提供支撑与保障。下面主要从协同运行、创新动力、利益保障三个方面对休闲体育产业与健康旅游产业融合的机制进行分析。

1. 协同运行机制

协同是不同的单元之间为实现同一目标整合资源，实现资源共享的过程，而在休闲体育产业与健康旅游产业融合发展中，两大产业间在对其解构出来的各价值活动单元重构中，由于受到休闲健身旅游服务需求的推动，从而在重新组合中两大产业的各要素发生协同运作效应，最终形成一个满足当下市场需求的、质量更高的新型休闲健身旅游服务的产业链。从中可以看出，休闲体育产业与健康旅游产业的融合过程是一个从全局出发，需要两大产业中各产业要素涉及的主客体单位进行产业链协同管理的过程，主体单位中的政府、企业、社会以及个人以及客体单位中的内容、人流、平台等要素之间需要通过协同效应形成适合两大产业融合发展的协同运营机制，在优化原产业价值链的同时，也使得新型产业链在新的市场需求中发挥应有的价值，使新的产业价值链能够持续向前运营发展。

2. 创新动力机制

产业融合的本质就是要实现融合型产品的创新，融合型产品创新则需要历经技术变革、思想创造、管理演变、市场升级、制度支撑等多方面共同作用的过程。随着与休闲健身、健康旅游相关的产品与服务的不断涌现，同质化现象的逐渐呈现，创新能力的不足改变了休闲体育产业与健康旅游产业融合发展的初衷。而与"同质化"相对的概念即为"异质化"，

"异质化"就是要求休闲体育产业与健康旅游产业在融合过程中要不断地从技术、内容和服务、管理制度等方面依据不断变化的市场需求进行持续性的创新。一是产品的生产技术与表现方式上，生产技术水平的提高在节约成本的同时也能使产品能通过技术的加持冠以更多的表现形式和价值实现手段；二是内容和服务上对不同休闲健身活动与文化的挖掘，做到在同一地区内的"人无我有，人有我优"；三是管理制度上，不盲目照搬照抄他人模式，立足本地资源与文化探索出最适合自身发展的管理制度。

3. 利益保障机制

利益相关者是各产业中企业生产经营行为和后果具有利害关系的群体或个

人。通过休闲体育产业与健康旅游产业的融合中的主体分析，两大产业中的企业作为利害关系的直接作用主体，对于休闲体育产业与健康旅游产业融合过程中的企业主体来说，在进行多元化经营时会承担一定的风险，结合我国市场经济的实际发展情况，当市场这个看不见的手难以对融合中出现的企业间利益相关的问题进行有效的解决时，为保证企业主体的既得利益不受损害，政府的宏观调控显得尤为必要。除了企业这一主体之外，政府、社会、个人等主体间应存在相应的保障机制。例如，政府以财政税收等组合支持企业的融合发展，需要企业回馈给政府部门以高质量的融合形态的产业与产品出现，从而保证政府行政部门的社会公信力这一既得利益；社会事业团体、协会等为二者的融合发展提供支持为其提高社会威望；而个人群体主要体现在人民群众的幸福感和获得感方面。

（四）休闲体育产业与健康旅游产业融合的路径

1. 融合发展理念，强化部门之间协同合作

休闲体育产业与健康旅游产业的融合发展，不仅能促进产业间的协作关系，还能打破体育部门、旅游部门和健康部门之间的条块分割。通过充分利用各部门在各自领域的优势，可以提高融合效率和水平，为产业的共同发展提供必要的条件。产业间的融合发展将带来新的产业形态，有效地促进产业结构的优化，符合供给侧结构性改革的新任务，从而改善管理方式和改变管理理念。

（1）各级政府主体应以体育部门、旅游部门和健康部门为中心，融合大健康、大群体、大卫生的发展观念，从健康城市的角度出发，做好休闲体育与健康旅游的融合与整体规划。通过加强宏观管理、顶层设计、市场引导与行业监督，确保休闲体育与健康旅游的合理有序发展。这样不仅可以提升产业的发展质量，还能更好地满足民众对健康和休闲的需求。

（2）在推动休闲体育与健康旅游融合发展的过程中，不仅需要体育、旅游和健康部门的合作，还需文化、财政、新闻、建设、国土等相关部门的通力合作。

文化部门在休闲体育与健康旅游融合发展中，应深入调查本市的文化资源基础，并将其融入融合发展中，以丰富的民族文化内容来丰富融合发展的表现形式。建设和国土部门则应在相关休闲体育与健康旅游项目的规划建设上提供支持，确保项目的顺利实施和高质量完成。财政部门应为休闲体育与健康旅游的发展设立产业引导资金，以激发社会资本的活力，推动产业的快速发展。新闻宣传部门应充分利用多方位的媒体宣传平台，加大相关赛事旅游、健康旅游活动的宣

传推广力度，营造全市的健康生活与休闲体育氛围，调动群众的积极性，推动健康旅游示范基地的建设。

2. 协调各方利益，优化融合发展运营机制

从利益分配上看，休闲体育与健康旅游的融合发展要坚持"政府主导、市场运作、社会参与"的运营机制，以市场化手段发展运营休闲体育产业与健康旅游产业，并逐步探索出符合各主体实际的合理的利益分配机制。

基于此，从政府主体的利益分配机制上看，各级政府主体应建立权责分明体系，明确各级各个部门在休闲体育产业与健康旅游产业融合发展建设中的任务，从大局利益出发，以一定的问责形式对各部门的任务及指标完成进行监督。而从政府主体与企业主体之间的利益分配机制上看，政府主体与休闲体育企业与健康旅游企业为主的企业主体之间形成公信力与政策资金支持的利益机制，政府为企业主体提供相应的支持使企业在融合发展中的经济、社会等基本利益得到有效的保证，而反过来企业与政府之间形成企业主体反馈于政府主体的公信力利益机制则要求企业主体不断提升自身的能力、自身的资质，符合融合发展的企业资质要求。政府主体与社会、个人主体之间则形成政府主体对社会个人主体的休闲体育与健康旅游公共服务的提供和社会、个人主体对政府主体的反馈机制，政府主体通过整合全市范围内的休闲体育资源与健康旅游资源以大数据、区块链等现代技术进行统计并通过网络技术的开发形成相应的平台网站或手机 App 应用软件，为社会、个人主体查询相应的公共服务活动与休闲健康活动时提供便利，而社会、个人主体作为融合发展的验收人、受益人，在进行体验之后通过网络平台进行反馈，为休闲体育产业与健康旅游产业的融合发展提供可持续发展的动力。

3. 整合产业资源，推动资源体系共享共建

休闲体育产业与健康旅游产业之间的资源有着高度的通用性，因此二者在资源利用上容易出现重复使用等现象，导致资源的浪费。二者的融合发展有助于提高资源利用效率，优化休闲体育与健康旅游的资源配置。从主体协同的角度来看，以休闲体育企业与健康旅游企业为主的企业主体应对各地休闲体育资源与健康旅游资源进行全面深入的调查，并与社会、个人主体如各休闲体育项目的协会、事业单位、民族传统体育的传承人实现对接，形成相应的利益输送机制。在为社会、个人主体提供展示平台的同时，不断拓展企业自身的资源深度与广度。

（1）从资源开发的角度来看，融合发展应从行政区域为主转变为以资源区域为主。以各地休闲体育资源和健康旅游资源为基础，以交通为纽带，以休闲体

育旅游项目建设为抓手，实现休闲体育规划与健康旅游规划的同步，寻求最佳资源配置。各地应充分挖掘和整合本地资源，避免资源的重复建设和浪费，提升整体资源利用效率。

（2）休闲体育产业与健康旅游产业的融合发展需要在市内外开展广泛合作。例如，与长寿旅游示范区、文化圈以及商务圈主动对接，实现产业区域对接、市场互动、客源互送、效应双赢，促进资源体系的共享共建。通过区域联动，可以充分发挥各区域的资源优势，形成合力，共同推动产业的高质量发展。

（3）各级政府和相关部门应加强对产业融合发展的引导和支持，制定相应的政策和措施，鼓励和推动企业间的资源整合和协同合作。通过政策引导，可以有效促进资源的优化配置，提升产业的整体竞争力和可持续发展能力。社会资本的引入和参与至关重要，通过建立良好的投融资环境，吸引社会资本投入休闲体育与健康旅游产业，推动产业的快速发展。

（4）信息化技术的应用是促进资源体系共享共建的重要手段。通过大数据、云计算等技术手段，可以实现对休闲体育和健康旅游资源的全面监测和管理，提高资源利用效率和服务水平。信息化技术的应用不仅可以提升资源的利用效率，还可以为产业发展提供科学依据和决策支持，推动产业的智能化和现代化发展。

（5）在人才培养方面，应加强对休闲体育与健康旅游产业专业人才的培养和引进，建立健全的人才培养体系，为产业融合发展提供智力支持和人才保障。通过加强对相关专业的教育和培训，提高从业人员的专业素质和服务水平，推动产业的高质量发展。

4. 组合产品品牌，打造功能综合产业形态

在休闲体育产业与健康旅游产业融合发展的过程中，品牌的组合与功能的综合化是关键路径之一。许多地方的休闲体育和健康旅游产业仍处于不成熟、不充分的发展状态，缺乏大企业的投入和建设。因此，整合品牌资源，形成互补效应，对于提升整体产业发展水平具有重要意义。

（1）从功能定位来看，休闲体育的健康养生功能与健康旅游的健康休闲、生态养生和健康教育功能应进行一体化建设。通过打造"一站式"多元化服务产品，休闲体育和健康旅游产业能够共同提供休闲、健康、旅游、养生等多种服务，综合发挥其教育、经济、社会和文化功能。这种多功能产品不仅能吸引更多消费者，还能提高产业的综合竞争力和市场吸引力。

（2）在品牌塑造方面，融合发展应依托大型休闲体育旅游赛事、休闲体育旅游线路和特色健康旅游活动等相关产品和服务，通过各产品间的互补效应，构建休闲体育旅游养生产业链条，形成具有地方特色的休闲体育与健康旅游品牌。大型赛事、体育产业基地、体育旅游景点、健康旅游示范基地等平台，是品牌塑造的重要载体，通过这些平台的推广和运作，可以提升品牌知名度和影响力。

（3）市场开拓是休闲体育与健康旅游融合发展的关键。融合发展的目标市场与目标人群应覆盖各年龄、各层次的群体。既要打造高端市场服务产品，也要顾及人们最基本的健身休闲需求。要特别关注"亚健康"人群、老弱病残人群的健康旅游市场开拓，同时也要重视上班族、妇女、青少年儿童等健康旅游市场。通过了解不同人群的特定需求，提供针对性的服务和产品，休闲体育与健康旅游产业才能更好地满足大众需求，提高群众的幸福感和获得感。

具体来说，市场开拓可以通过以下方面进行：

1）高端市场服务产品的打造。为高端客户提供定制化的健康旅游和休闲体育服务，如高端健康体检、定制化运动康复、私人教练指导等，以满足高端市场的特殊需求。

2）基础健身休闲需求的满足。为普通消费者提供多样化的健身休闲活动，如社区健身设施的完善、公众健身活动的组织等，增强群众参与体育活动的积极性。

3）特定人群市场的关注。开发针对"亚健康"人群、老弱病残人群的特殊健康旅游产品，如康复治疗旅游、健康养生旅游等，以满足这些人群的特殊需求。

4）全面覆盖各类消费群体。通过市场调研和数据分析，了解不同消费群体的需求特点，提供多层次、多样化的产品和服务，从而扩大市场覆盖面，提高市场占有率。

（4）政府和相关部门在推动品牌组合和功能综合化过程中，应发挥主导作用，通过政策支持和资金投入，促进企业间的合作与资源整合。同时，还需加强市场监管和行业规范，确保融合发展的有序进行和可持续发展。

（5）在品牌传播方面，应充分利用现代信息技术和新媒体平台，通过多渠道、多形式的宣传推广，提高品牌的知名度和美誉度。通过网络媒体、传统媒体、户外媒体及广播媒体等多方位的传播手段，扩大品牌影响力，营造全社会参与健康旅游与休闲体育的良好氛围。

5. 拼合专业体系，培育复合技术专业人才

休闲体育与健康旅游产业的融合发展，对于人才队伍的需求日益凸显，需要构建一个具备多方面专业技能的复合型人才队伍，以支撑产业的全面发展和持续创新。这一过程不仅涉及教育、医疗和旅游等传统领域的协同，还需通过专业体系的拼合和优化，培养适应当前市场需求的高层次人才。

（1）人才需求角度。

1）培养具备健康理念、体育与健康管理专长的专业技术人员。这些人才不仅要掌握体育运动和健康管理的基本理论与实践，还需具备跨学科的知识，能够在实际操作中有效整合健康养生、旅游管理等方面的专业技能，为产业的发展提供理论支持和实际指导。

2）培养健康养生养老的专业技术人员。随着社会老龄化进程的加快，健康养老服务需求不断增加，因此需要专业人员能够结合健康旅游的理念，为老年人群体提供有效的健康管理和养老服务，推动健康产业向深度发展。

3）培养行业管理人员、营销人员和规划人员等相关专业人才同样不可或缺。行业管理人员需要具备跨领域的管理知识和项目实施经验，能够有效整合资源、优化运营，推动产业链条的协同发展。营销人员则需具备市场分析能力和创新意识，能够根据市场需求调整产品策略，提升品牌影响力和市场竞争力。而规划人员则应具备城市规划、旅游规划等专业知识，为休闲体育与健康旅游的发展提供科学合理的空间布局和发展方向。

（2）社会主体角度。

1）教育事业单位、医疗事业单位和旅游事业单位是重要的人才培养和资源整合平台。高等院校应当通过优化专业设置，增设健康旅游、体育健康等相关专业，培养适应市场需求的高级复合型人才。教育事业单位不仅要在学科设置上与时俱进，还要加强与产业界的合作，提升学生实践能力和就业竞争力。

2）医疗事业单位和旅游事业单位在实践中扮演着重要角色，不仅能为休闲体育与健康旅游产业的从业人员提供专业知识的培训和实训，还能通过现有资源和平台，推动相关产业的发展和升级。例如，医疗机构可以开展健康管理课程和健康旅游推广，旅游景区则可以结合休闲体育活动，推广健康旅游理念和产品。

3）各类兴趣爱好团体和休闲体育活动协会也应积极参与产业融合发展。这

些团体和协会通过自身的专业技能和资源优势，为休闲体育与健康旅游产业的发展注入新的活力和动力，为从业人员提供相关技能的培训和推广，推动产业的健康发展。

6. 迎合时代发展，促进健康旅游基地建设

作为休闲体育产业与健康旅游产业融合发展的受益者和反馈者，个体主体在这一发展过程中扮演着多重角色，既享受着融合发展带来的成果，又承担着推动融合发展的责任和义务。这些个体涵盖了从少数民族体育传承人到普通市民的广泛群体。

在少数民族体育传承人方面，我国各地拥有丰富的民族传统体育项目，如抛绣球、打陀螺等，这些项目在各自的民族聚居区中有着深厚的传承历史和文化底蕴。随着休闲体育与健康旅游产业的融合发展，这些传承人承担着重要使命，即通过传统体育项目的发扬光大，为融合发展注入新的文化元素和活力。他们不仅需要保护和传承民族体育的本土特色，还要适应市场需求和现代管理方式，促进传统体育项目与健康旅游的深度融合，为整体产业提供多样化的文化服务内容。

从普通市民的角度看，他们作为休闲体育与健康旅游产业的直接消费者和参与者，承担着推动产业发展的关键作用。在全国范围内，广大市民积极响应国家和地方政府的健康生活理念，通过参与各类休闲体育赛事、健康旅游活动等，不仅提升了自身的身体素质和生活质量，也为城市的健康形象和产业发展增添了积极因素。市民的参与不再是单纯的消费行为，更重要的是他们通过客观公正的反馈，促使政府主体、企业主体和社会主体改进服务质量和活动内容，推动产业的持续创新和提升。

因此，全国各地的休闲体育与健康旅游融合发展，需要个体主体的积极参与和合作，从而形成一个多方共赢的发展格局。少数民族体育传承人应当在保持传统特色的基础上，拓展项目的市场应用和文化价值，与现代管理方式相结合，推动民族体育项目与健康旅游的有机融合。市民则应以开放的姿态参与各项活动，既享受到健康生活带来的乐趣，又通过积极反馈和建议，为休闲体育与健康旅游产业的发展贡献智慧和力量。这种多层次、多角度的参与模式，将有助于推动健康旅游基地建设迈向更高水平和更广范围的发展。

第三节 数字技术助推休闲体育产业的高质量发展

一、围绕"五大发展理念"，促进数字化转型

创新、协调、绿色、开放、共享的五大发展理念是高质量发展的核心内涵，涉及社会经济的各个领域。休闲体育产业规模的扩大和要素资源投入的增加是产业快速发展的表现，而休闲体育产业高质量发展的主要目标是绿色、高效和可持续。

从休闲体育发展的现况来看，当前休闲体育发展、经营中的体制机制与高质量发展的要求不相匹配，造成高质量发展中的动力不足。只有秉承五大发展理念，改革现有休闲体育产业发展方式，以数字技术的使用作为经济结构化、体制完善化、服务高质化、发展持续化的推动力促进高质量发展。具体表现在：

第一，利用数字技术优化休闲体育产业结构，创新与文化、旅游、健身、康养、传媒等产业的融合方式，推动健康、休闲、文化、娱乐的深度融合。

第二，利用数字技术促进休闲体育产业信息的流通、资源的供给、服务的优化和供需双方的平衡，使产业发展更加协调。

第三，利用数字技术打通休闲体育产业技术间的壁垒，建设绿色、环保、多功能、低能耗的休闲体育运动场馆，实现场馆设施的循环使用。

第四，利用数字技术增加休闲体育产业经济，扩大投资规模，平衡城乡休闲体育资源配置，促进新产业的快速成长，共享数字经济带来的红利。

二、围绕"健康中国"战略，挖掘潜能

"共建共享，全民健康"是健康中国的战略主题。数字技术可以推动休闲体育产业的迭代升级，同时增加产业的厚度，实现休闲体育产业的高质量发展。具体表现在以下几方面：

第一，利用数字技术发挥休闲体育产业的功能。每个人都是个人健康的第一责任人，公民在官方数据平台获取身体健康各项指标的数据标准，对比自身状况后可通过日常参与休闲体育活动提高身体机能，保持身体健康。

第二，利用数字技术构建休闲体育产业的网络化。通过构建众创、众智、共

建、共享的休闲体育产业数字平台，以最低的成本、最快的速度、最高的成效达到全民健康的目的。

第三，利用数字技术传播休闲体育文化。通过互联网平台进行休闲体育文化活动预告、现场表演、赛事播报等传播健康理念，塑造人人参与、人人享有的健康生活方式，提高公民健康素养水平。

三、围绕供给侧结构性改革，找准数字着力点

供给侧结构性改革是适应和引领经济新常态的必然要求。随着人们对美好生活的追求，现阶段休闲体育产业结构已不能满足人们对高品质生活的要求，表面看来是产品种类繁多，市场需求不足，实际而言是供给侧结构无法满足需求侧的要求而造成的供需失衡。以互联网、大数据和人工智能技术为核心的"数字体育"建设，以产业结构调整、供给方式转变、体制机制改革来优化休闲体育产业经营和管理过程中的要素质量，为产业供给侧结构性改革提供数字着力点，推动休闲体育产业的高质量发展。具体措施如下：

第一，强化信息匹配机制建设，实现市场需求信息和休闲体育产品供给有效匹配，优化产业结构，提高供给效率。

第二，加强数字平台的资源聚集和结构优化体系建设，整合其他产业的优势资源、体育产业的闲置资源和未开发资源，形成新产业、新产品、新业态、新模式，增加供给多样性。

第三，利用数字技术着力打造区域内休闲体育特色产业，提升产品质量和服务，培养消费者特色产品的消费惯性，并通过数字平台与用户互动，提高消费者对区域特色休闲体育产品的信任度，增强供给黏性。

第四，利用数字技术赋能休闲体育产业经营管理人才，培养一批高素质、高水平、跨领域的技术应用人才，打破行业间知识壁垒；同时进行不同行业间知识的借鉴、融合，实现数字技术与知识经济的交叉融合，以科学化决策、智能化经营、高效化管理促进休闲体育产业高质量发展，提升供给的科学化水平。

四、围绕数字体育，推动科技创新

数字体育是未来体育产业发展的方向，应强化休闲体育产业的科技创新能力，促进产业生产体系的高质量发展。依托数字技术加快休闲体育智能化产品的研发和使用技术的推广，促使休闲体育产业发展动能由要素主导逐渐转向创新主

导，进而不断推动休闲体育产业的高质量发展。具体方法如下：

第一，利用数字体育建设快速推动体育产业的科技化转型需求，以基础性和拓展性休闲体育产品研究为支撑，建立科学的产品研究成果的检验方法，保证科技创新产品的智能性、实用性、科学性和便捷性。

第二，利用数字技术构建休闲体育科技创新产品的宣传、展示、交易平台，通过搭建供需双方产品交易新渠道，推动科学技术与休闲体育产业的深度融合，提高休闲体育用品生产的标准化、规模化和绿色化。

第三，利用数字技术充分挖掘休闲体育产业特色资源，拓展产业功能，提高休闲体育产业的文化价值、经济价值、生态价值，推动休闲体育产业多元化发展。

第四，利用信息网络推动休闲体育产业的网络化发展，通过互联网、物联网、大数据和人工智能等实现区域间的连片发展、互帮互助，保证休闲体育产品的有序生产、协同发展，推动休闲体育产业的高质量发展。

五、围绕协同发展，改革要素市场

协同发展是实现社会可持续发展的基础，休闲体育产业只有与其他产业相互协作、共同成长才能获得长久的发展，达到双赢的效果。数字技术与劳动力、资源、管理等传统生产要素相结合，促进了各要素之间的协调发展，增加了要素市场的活力，促进了要素资源的整合，提升了要素管理的效率，助推了休闲体育产业经营体系的高质量发展。具体表现在以下几方面：

第一，依托数字技术搭建劳动力要素培养平台，整合专业知识和教学信息资源，促进教学资源的共享，提高休闲体育产业从业人员的专业素质；同时利用数字技术增加休闲体育项目类别，吸引更多优秀人才进入该领域就业创业，为休闲体育产业创新性发展注入新思维、新动力，提高休闲体育产业经营决策的科学化水平。

第二，利用数字技术激发休闲体育产业现有资源的活力，鼓励和支持社会资本的流入，拓宽产业发展资金来源，有效解决产业经营者融资难题，为休闲体育产业高质量发展提供资金保障。

第三，利用数字技术使休闲体育产业管理更加智能化、便捷化、高效化，将信息技术嵌入休闲体育产业发展计划中，从人员招聘、技能培训、绩效管理、薪酬发放等环节，提高产业人力资源管理的透明度和效率水平；同时借助数字平台整合产业内外部资源，使人人参与、人人监督、人人管理，不断提高管理效率，促进休闲体育产业的高质量发展。

第五章 体育广告的经营管理与应用创新

第一节 体育广告及其类别划分

一、体育广告的主要特点与基本功能

（一）体育广告的主要特点

体育广告作为一种特殊的广告形式，与一般广告在受众、内容、媒体和目的等方面存在显著差异。尽管体育广告同样需要考虑到目标受众、传达内容的精准性以及广告宣传的目的，但其最大的特点在于所选择的宣传媒体。

体育广告的宣传媒体主要集中在体育场馆、体育活动和体育项目等场合。这些场所不仅承载着大量的体育赛事和活动，也聚集了大量的体育爱好者和观众群体。通过在体育比赛现场或体育场馆内进行广告投放，能够直接触达目标受众，有效提升品牌或产品的曝光度和认知度。

体育广告也可以通过举办体育比赛期间的宣传册、纪念册等印刷物作为宣传媒体形式。这些印刷品不仅在比赛现场发放，还可以通过邮寄、社交媒体等渠道进行传播，扩大广告的覆盖面和影响力。这种形式不仅可以直接向观众展示品牌信息，还能够通过赛事本身的关联性，增强品牌的认可度和信任度。

（二）体育广告的功能

体育广告的功能一般可归纳为以下几方面：

1. 传递信息，沟通产需

通过体育媒体作为传播平台，广告能够有效地将产品或服务的信息传递给潜

在的消费者，建立起生产者与消费者之间的联系。体育作为广告的媒介，不仅是宣传产品，更是促进生产者和消费者之间沟通的桥梁，特别强调了生活娱乐和健康等方面的需求。

2. 介绍知识，指导消费

消费者在购买体育产品后，往往需要了解产品的性能特点、使用方法以及维护保养等知识。通过广告介绍产品的相关信息和技术细节，能够帮助消费者更好地了解和使用产品，从而提高产品的使用寿命和客户满意度。

3. 激发需求，增加销售

通过生动地展示产品的特色和优势，广告能够有效地引导消费者的消费决策，将潜在消费者转化为实际购买者，从而扩大产品的市场份额和提高销售率。

4. 树立企业形象，扩大产品知名度

通过体育明星或体育赛事作为广告的载体，企业能够借助其影响力和号召力，提升品牌形象和产品的市场知名度。这种形象宣传不仅有助于企业在竞争激烈的市场中脱颖而出，还能够建立起消费者对品牌的信任和好感。

5. 促进体育事业发展

随着体育产业的商业化和社会化进程，体育广告作为一个重要的收入来源，能够为体育事业的资金筹集提供重要支持。广告的商业价值和吸引力不仅推动了体育运动员的收入增长，也促使运动员们不断提升自身技术水平和社会形象，进一步提高了体育比赛的竞技性和观赏性，推动了整个体育产业的可持续发展。

二、体育广告的根本优势与类别划分

（一）体育广告的优势

体育广告作为一种新型的媒体宣传方式，在现代社会中展现了明显的优势和特点，这些优势不仅体现在受众广泛、效果自然、时间长等方面，还对广告效果和投资回报产生了积极影响。

1. 受众多，广告传送面广

在体育竞赛和赛事中，观众和参与者数量庞大，尤其是在国际性比赛中，观众群体可以达到上亿人次。通过体育媒体进行广告投放，能够将广告信息有效传达给大量的目标受众，这种广泛的传播面是传统媒体无法比拟的。

2. 效果自然，易被观众所接受

在当今社会，人们对于传统广告形式逐渐产生疲劳感，甚至对广告内容产生抗拒情绪。而体育广告则以其自然融入比赛场景的方式，如赛场上的广告牌、运动员的服装赞助等形式，能够避免观众对过度商业化的反感，使广告信息更容易被观众接受和记住。

3. 时间长，一次投资多次受益

相较于电视广告等传统媒体的短暂呈现时间，体育比赛中的广告可以长时间持续曝光，有时甚至延续数十分钟。这种长时间的曝光不仅能够提升广告的触达效果，还能够在观众心中留下更为深刻的印象，进而提升品牌或产品的认知度和扩大市场影响力，实现广告投资的长期回报。

（二）体育广告的分类

按照不同的广告形式和不同的媒介，可以把体育广告分为以下几种类型：

1. 冠名广告

冠名广告作为体育广告的核心形式，通过将企业或产品的名称与体育活动、赛事等紧密结合，实现品牌曝光和认知度提升的双赢效果。这种广告形式不仅可以有效利用体育赛事的观众群体和媒体关注，还能够增强企业在目标市场的品牌形象和市场份额。

2. 场地广告

场地广告是体育赛事中最为常见的广告形式之一，通过在赛场、体育场地周围设置牌广告、横幅广告等，实现对观众和参赛者的直接曝光，扩大品牌的视觉传播效果。这种方式不仅能够有效覆盖现场观众，还可以通过电视直播等媒介传播，进一步扩大广告的影响范围。

3. 印刷品广告

印刷品广告作为体育赛事中的另一种重要形式，通过印制入场券、秩序册、宣传画等物品，将企业的品牌信息和宣传内容融入赛事的各个环节中，从而实现对观众和参与者的深度沉浸式宣传。

4. 路牌广告

路牌广告则通过在赛场周边或赛事路线沿途设置广告牌、临时路牌等形式，利用路过者和观众的视觉接触来提升品牌的曝光度和可见性，进而提升品牌在目标受众中的知名度和市场份额。

5. 排他性广告

这是在体育比赛活动中，体育组织选择某一类别的产品作为指定产品，这些产品既可以是饮料、用品，也可以是标志性的产品等。

6. 明星广告

选择一些影响力较大的明星作为形象代言人，通过明星效应来带动产品的销售。

7. 实物广告

在体育赛事中，运动服装、纪念品、礼品等实物可作为媒介，将企业名称或商标名称印制在上面。

8. 奖券（奖品）广告

在开展体育比赛时，为烘托比赛氛围，可通过发行彩票、设定抽奖门票等来激发观众的热情，通过此类奖券广告来实现产品的推广。

除上所述几类体育广告外，还有宣传体育活动的画册、纪念册、明信片、信纸、信封等物品上的印刷广告，记分牌广告、滑翔机广告、拉拉队广告、指示牌广告、背景台活动广告等。

第二节　体育广告的经营策划与管理

体育广告是一项实践性很强的活动，投放效果的好坏关键在于它的运作。另外，广告作为一种营销手段，是服务企业的业绩增长和体育组织收益增加的。在实施体育广告的过程中必须做到理性决策，以实现"双赢"为最终目的。因此，在策划体育广告时，必须对它的每一个环节都进行精心的设计和操作，使广告体系中的各个主体都能有效地发挥作用，从而使广告的效果达到最大化。

一、体育广告的经营策划

获得体育广告经营业务并不容易，少数体育广告业务是由客户主动找上门来的，大多数体育广告业务则是靠体育广告经营单位提前同企业联系，主动争取来的。体育广告经营的实践证明，争取体育广告业务是一门技术、一门学问，要搞好体育广告经营管理必须掌握相关的经营策划的谋略。

（一）体育广告经营策划的原则

1. 互惠互利原则

互惠互利原则体现了广告客户和体育广告经营单位之间的相互依存关系，也是确保双方合作顺利进行的重要保障。双方作为独立的商品生产者和经营者，各自投入的资源和劳动应当得到相应的补偿和回报，否则将难以维持长期的合作关系。对于厂商而言，他们进行体育赞助的首要目的是为了获取广告投资所带来的经济效益和市场回报，因此必须确保投资的合理性和广告效果的可见性，这样才能得到广告企业的持续支持和赞助。

2. 恪守诚信、与人为善

维护良好的公关关系，积极与企业保持密切的沟通和联系，不仅体现了商业活动的专业素养，也是建立信任和合作基础的关键步骤。无论企业当前的经营状况是盈利还是亏损，抑或企业是否进行广告宣传，都应该始终保持与其的良好互动。通过适当的"感情投资"，即真诚待人和诚信经营，可以赢得企业的认可和好感，进而建立稳固的合作关系，为今后的业务往来奠定坚实的基础。

（二）体育广告经营策划的思路

1. 广告主的选择

在选择体育广告主时，体育经营单位需要考虑多个方面的因素，以确保与目标企业之间的契合度和广告效果最大化。这些因素既涉及企业的背景和产品特性，也包括企业领导人的态度和市场宣传需求等方面。在确定目标企业时，需要考虑以下四个方面的因素：

（1）了解企业情况。体育经营单位需要深入了解目标企业的经营策略、产品市场定位以及年度活动计划。这些信息包括企业的产品需求量和趋势预测、市场竞争情况、用户反馈和竞争对手的市场份额等。通过这些数据，体育经营单位可以为企业量身定制适合的体育广告策略和计划，使体育广告赞助融入企业的整体活动计划，从而提升广告效果和投资回报率。

（2）企业产品与体育运动的关系。通常与运动相关的企业和产品，如运动器材、运动服装、运动鞋帽等，更适合利用体育媒体进行广告宣传。这类产品的广告与体育活动的结合更加自然，能够有效吸引体育观众的关注和认同，进而提升品牌知名度和市场份额。

（3）了解企业领导人的个性心理特征及爱好。企业领导人对体育运动的热爱程度、关注的体育项目以及对体育经济效益的理解程度，直接影响体育广告经营者在赞助谈判中的表现和成功率。企业领导人对体育有浓厚兴趣并对其经济价值有清晰的认知，那么体育广告的推广效果通常会更好。因此，体育经营单位需要在拓展市场和赞助谈判中，针对企业领导人的个性特征进行有针对性的沟通和交流，以提升赞助达成的可能性。

（4）了解企业的宣传需求。企业在宣传上有不同的重点和策略，可能需要推广新产品、增强市场竞争力或是巩固现有市场份额。体育经营单位需要准确把握企业最需要宣传的内容和目标，提出符合其利益和市场战略的广告方案，以最大程度地满足企业的宣传需求和利益追求。

2. 体育广告的营销方式

体育广告的营销方式多种多样，根据不同的体育活动特性和市场需求，体育广告经营单位采取的策略也有所不同。这些营销方式不仅包括传统的招商、广告和中介机构代理，还涵盖了人际关系的运用、行政支持以及主动营销等多种途径。具体如下：

（1）招商。通过将体育广告资源进行包装策划，然后向潜在的合作伙伴公开推出，征求合作意向。这种方式适用于那些广告价值较高、影响力较大的体育活动，通常由体育广告经营单位自主进行，以确保广告资源的充分利用和市场影响力的最大化。

（2）广告。广告发布在传统的新闻媒体上，如电视、报纸等，是体育广告经营单位常用的市场搏击方式。通过在公众媒体上发布广告，推介体育广告资源，并公布招商计划，从而吸引更多的潜在合作伙伴的注意和参与。这种方式可以有效地扩大广告的传播范围，提高广告的知名度和市场接受度。

（3）游说。在现代营销中，人际关系的重要性不可忽视。体育广告经营单位通过充分利用各种社会关系网络，寻求合适的合作伙伴和投资者，以提高广告的寻找效率和降低市场拓展的成本。这种方式依靠个人或组织的信任和关系网络，能够有效地促进广告资源的推广和合作伙伴的获取。

（4）中介机构代理。随着市场经济的发展，中介机构在体育广告营销中的角色日益重要。这些中介机构以其专业性和市场资源，为体育广告经营单位提供广告资源的推广和营销服务，帮助广告主和合作伙伴之间建立联系和合作桥梁，从而实现市场交易的促进和优化。

（5）行政手段。在一些具有较大社会影响力的体育赛事如奥运会、亚运会等举办地，政府会通过行政支持和政策优惠，对体育广告营销给予一定的干涉和支持。这种方式可以有效地推动体育广告的发展和市场影响力的扩展，同时促进相关经济活动和社会效益的提升。

（6）主动出击。通过成立专门的营销机构和组织相关人员，制订具体的营销计划，并直接主动与目标企业联系和沟通。这种方式虽然具有较高的自主性和灵活性，但需要注意运作的规范性和效率，以确保广告营销的顺利进行和最终收益的最大化。

3. 体育广告费用的支付方式

（1）体育广告合作中的费用支付方式必须在双方签订的正式协议中得到明确规定。这包括支付手段的选择，如资金支付或实物支付，如何计算实物的价值等；支付时间的安排，即费用应在何时支付完成。这些规定的明确性对于避免日后在广告操作中可能出现的纠纷至关重要，有助于保障双方的合法权益。

（2）体育组织在进行广告招商时，应当采取灵活的策略处理广告费用的支付方式。这意味着在实际操作中，可以根据具体情况对支付方式进行灵活调整和处理。例如，对于想要做广告但暂时无法一次性支付费用的企业，可以考虑采取分期支付或者延迟支付的方式；对于愿意以产品支付广告费用的企业，可以先接受产品，然后再将产品变卖为资金。这种"变通"的处理方式建立在双方相互信任和合作的基础上，有助于在保持合作关系的同时解决资金支付上的困难。然而，"变通"策略必须在政策和法律允许的范围内进行。这意味着所有的支付方式调整都应当遵循协议中明确的原则和规定，不得违反合同约定或者涉及非法行为。在实践中，体育组织和广告客户应当共同遵守相关法律法规，保证所有支付方式的合法性和规范性，避免可能带来的法律风险和争议。

4. 体育广告的实施过程

（1）体育广告计划的制订。制订广告计划要充分考虑企业的现有资源和市场需求，确保目标的明确性和可操作性。计划的制订需要考虑广告的时间安排、资源分配、市场定位以及预期的广告效果，只有这样才能在实施阶段有条不紊地推进。

（2）拟定广告目标。体育广告经营单位需要根据体育资源和市场条件，结合以往的经验和本次营销的特点，明确广告活动要达成的目标。这些目标可能涉及市场份额的增加、品牌知名度的提升、产品销售量的增长等方面，确定合理的目标有助于后续计划的制订和实施过程的评估。

（3）建立工作机构。体育广告计划的实施通常需要跨部门的协作和配合，尤其是广告部门、市场部门等相关部门之间的配合至关重要。建立一个有效的工作机构，明确各个部门的职责和工作流程，能够提高广告实施的效率和协调性，确保整个过程顺利进行。

（4）广告方案的选择。在确定了广告计划和目标之后，体育广告经营单位需要进行广告方案的选择。这通常涉及制定多个广告策划方案，然后从中选出最符合实际、最能体现企业利益的方案。选择广告方案时，需要考虑预算限制、市场接受度、目标企业的需求以及广告效果的预期，以确保选择的方案能够最大程度地实现广告的宣传效果和商业目标。

（5）谈判并签订协议。谈判阶段是将广告计划转化为实际行动的关键环节。在谈判过程中，双方应本着互惠互利的原则，充分沟通和协商，明确各自的权利和义务，确保双方在合作中能够达成共识并互相支持。签订合同后，双方须明确合同中的各项条款和具体执行步骤，以确保广告活动按计划顺利进行。

二、体育广告的经营管理

广告活动的管理是一个多维度的体系，涉及微观和宏观两个层面。微观管理主要聚焦于广告发布主体，即广告主或广告经营者对广告内容和行为的自我管理与规范。这一层面要求广告发布主体在广告制作与发布过程中严格遵守国家法律法规，确保广告内容的真实性、合法性，并符合社会道德标准。宏观管理则涉及广告活动受到的外部监督与约束，包括但不限于法律法规、社会舆论、道德规范以及相关社会组织的监督。这种管理方式旨在通过外部力量对广告行为进行规范，确保广告活动的健康发展，避免对社会造成不良影响。

在体育广告领域，微观管理要求体育广告的发布者和经营者必须进行严格的自查，确保广告内容不仅合法合规，而且能传递正面、健康的价值观。宏观管理则体现在国家行政部门、消费者协会等机构对体育广告的监督作用，这些机构通过检查、评估等方式，对体育广告的发布进行监控，以保障消费者权益和社会公共利益。

体育广告因其特有的社会影响力，往往与健康、积极的形象相关联。因此，在体育广告的发布过程中，发布者和经营者需要特别注意其对社会的影响，避免发布可能引起误解或负面影响的内容。体育广告经营单位在这一过程中扮演着双重角色，既是广告的发布者，也是社会责任的承担者。它们需要在追求经济效益的同时，兼顾社会效益，确保广告内容的正面影响，维护企业形象和社会责任。具体来说，体育广告的经营管理应包括以下内容：

（1）加强广告双方的交流和沟通。体育广告经营单位与广告商之间的紧密合作不仅是单纯的交易关系，更应该是一种建立在互信和合作基础上的长期伙伴关系。只有通过有效的沟通和积极的互动，双方才能实现真正的共赢。

首先，正式沟通作为体育广告合作的重要组成部分，通过建立协议中规定的正式沟通机制，确保双方在重要事件和关键决策上能够及时有效地进行交流。这种形式的沟通不仅能够帮助双方明确各自的责任和义务，还能够协调双方的工作进度，防止出现因信息传递不畅而导致的误解和冲突。

其次，非正式沟通则强调的是日常业务中的灵活应对和小范围的互动。这种形式的沟通不受时间和地点的限制，通常通过电话、电子邮件或者面对面的会议来进行，旨在解决日常运营中的问题和调整策略。非正式沟通的频繁进行有助于增进双方的相互理解和信任，有利于在紧急情况下快速响应和调整。

在体育广告营销的复杂环境中，正式和非正式沟通的结合是确保合作高效运作的关键。通过这两种形式的沟通，体育广告经营单位和广告商能够共同面对挑战、共同探讨解决方案，并共同推动广告活动的顺利实施和最终的成功。只有通过富有成效的互动和沟通，双方才能建立起紧密的合作关系，共同追求长期发展和利益最大化的目标。

（2）预防隐蔽营销。隐蔽营销作为一种隐性的市场推广手段，在体育广告经营中具有潜在的威胁和风险。

1）隐蔽营销通过多种方式介入体育广告领域，其中包括利用比赛、电视转播赞助、电视广告、赞助运动队或运动员以及推广宣传等手段。这些手段往往不会直接支付费用给体育广告经营单位或赛事组织者，而是通过间接方式获取品牌曝光和关联效应。例如，通过赞助电视机构转播赛事或在比赛期间播放广告，企业试图将自身品牌与体育赛事关联起来，以期提升品牌知名度和影响力。

2）隐蔽营销对体育广告经营单位的主要危害在于，它可能对广告资源的整合造成威胁。这种形式的营销活动可能使一些广告主望而却步，因为他们难以评估隐蔽营销活动的实际效果和回报。广告主可能会感到困惑，无法准确衡量广告投入与预期效果之间的关系，从而影响其对体育广告的筹资决策。

3）对广告主（赞助商）而言，隐蔽营销可能会混淆视听，使目标受众感到困惑。例如，通过在体育赛事中进行宣传推广，但受众未必能清晰识别出广告和赛事本身的界限，这可能导致广告主的品牌形象和市场定位受到负面影响，最终影响预期的市场利益实现。此外，对于那些与体育广告经营单位签订正式合同的企业而言，隐蔽营销形式可能会引发资源的浪费和效益的缺失。

（3）做好危机公关的准备。在体育广告的运作中，面对潜在的危机和风险，体育广告经营单位和企业都应当具备高度的危机意识和应对能力。这种意识不仅是为了保障活动的顺利开展，更是为了避免可能带来的严重后果甚至活动的中断或失败。

1）体育广告经营单位在选择合作企业时，应该审慎考虑其社会形象和经济实力。选择社会形象良好、经济效益稳定的企业作为合作伙伴，可以降低因合作企业资金问题导致的风险。此外，体育广告经营单位需要对合作企业的营销活动进行监督，确保其在体育广告过程中不出现违规行为，及时纠正和处理任何可能损害活动利益的问题。

2）在体育广告合同履行过程中，企业需要与体育广告经营单位保持密切的沟通和交流。及时预见可能出现的问题，并制定相应的对策和应急措施，是预防危机发生的有效手段。例如，在体育赛事、明星代言人或体育广告本身出现问题时，企业应能迅速做出反应和处理，最大限度地减小对社会公众和合作伙伴的负面影响。

在合同方面，合作协议的详细规定是确保双方利益的重要保障措施。合同应清晰地列明可能发生的问题情况，明确双方的权利和责任，以便在危机发生时能依据协议快速有效地处理。例如，合同中可以规定应对支付问题、广告内容违规等具体条款，确保在协作过程中各方都能遵守协议并迅速采取行动。

第三节　中国元素在体育广告中的应用创新

随着中国国力不断壮大，中国文化不断输出，世界范围内的"中国风"开始盛行。"中国元素"作为中华传统文化强有力的代表，成为近年来广告创作者的钟爱素材。同时，我国在竞技体育和群众体育方面都取得了蓬勃发展。各大广告主抓住了商机，创作了许多体育广告来拓宽市场，争夺消费者。将中国元素运用到体育广告的创作中，不仅可以达到吸引消费者的青睐、刺激购买欲、提升品牌形象的目的，更是具有传播中华传统文化、提升民族自豪感的作用。我们坚信中国元素体育广告能更好地发挥经济功能和文化功能。近年来，中国元素体育广告数量日益增多，为了使其获得更好的发展，并发挥功能，提出以下几条建议：

一、加强无形声乐类中国元素的应用

声乐类中国元素包括传统乐器配乐、京剧戏曲、民谣小调等，是听觉元素，在体育广告中当作背景配乐使用。平面广告是靠视觉来传递信息的，不需要背景音乐，但是广播和影视广告却需要运用听觉效果，故而可以使用声乐类中国元素进行配乐。

（一）增加广播中体育广告的投入数量

近年来，人们的经济实力不断提高，私家车的数量越来越多，导致在交通高峰时段经常堵车，而在开车期间不允许看手机，所以车主会选择收听广播度过无聊的堵车时间，导致广播收听率越来越高。同时这些人属于中高端消费人群，有一定的经济基础，在收听广播广告后，会对广告内容产生兴趣，进而购买广告商品，给各大公司带来了巨大的市场前景。广播广告同样能刺激消费，提高公司销售额。另外，广播具有伴随性，听众可以在进行户外活动时收听广播，在做家务时收听广播，甚至在学习、工作时收听广告，广播不受时间地点限制，这就给广告提供了更好的播放平台。再者广播中的广告制作成本低，这也是广播广告的最大优势。广播在人们的生活中扮演的角色也越来越重要。各企业应充分利用广播平台，依靠巨大的听众资源和较低廉的投放费用，可选取体育广播频道和知名广播频道时段进行体育广告投放，充分利用资源，从而增加体育广告投放数量，宣传公司理念和商品，树立公司形象。

（二）企业要求广告创作者运用声乐类中国元素进行广告创作

企业决策者要有统筹观念，广告不仅是进行产品推销的手段，更是提升公司形象、传播中华文化的重要方式。在进行广播广告和影视广告创作时，公司要求广告创作者运用声乐类中国元素进行创作，提高声乐类中国元素的应用率。

（三）广告创作者自主运用声乐类中国元素

广告创作者应意识到自己也肩负着宣传中华传统文化的重任，自觉使用中国元素进行广告创作，将声乐类中国元素运用到其中，满足听众的听觉享受，传播文化。

（四）有形元素和无形元素相结合

有形中国元素具有可视化程度高、辨认性强、色彩饱满等优点，在平面广告和影视广告中应用率很高。无形中国元素中的声乐类中国元素则可以在影视广告中充分运用。有形元素和无形元素相结合使用，能够加强视觉和听觉效果，印象更深刻。

二、加强本土体育用品公司中中国元素的应用

国外体育用品公司为争夺中国消费者，抢占市场份额，开发了多款运用中国

元素的商品，在广告方面也创作了大量具有中国特色、运用中国元素的广告。例如耐克、阿迪达斯、彪马等国际品牌，在中国市场占有很高的份额。中国本土体育用品公司近年来也有一定的发展，李宁运动品公司表现突出，其他公司的表现还稍微落后一些。加强本土体育用品公司对中国元素的应用具体方法有：

第一，本土体育用品公司不能故步自封，要结合当下时代潮流，借鉴其他行业的中国元素广告的创意，结合产品特性创作中国元素体育广告。

第二，加大投资力度，聘请专业团队进行广告宣传。广告团队能准确地把握体育用品公司理念，借助对中国元素的运用，将中华文化融入企业文化与品牌理念当中，实现公司形象的提升。

第三，本土体育用品公司可制定一份中国元素种类清单，让广大消费者根据对中国元素的喜好进行投票，针对票数较高的中国元素进行合理的广告创作和产品设计，定期推陈出新，迎合消费者喜好。

第四，政府加大中国元素体育广告支持力度，减免部分广告费用。政府相关单位制定相关政策，鼓励支持中国元素广告的制作，在广告费用方面做适当的减免，提高体育用品公司对中国元素的重视。在中国元素广告数量增多的同时，既提升了企业曝光率，也宣传了中华文化。

三、加强中国元素在体育公益广告中的应用

公益广告是非营利性的，旨在造福社会、为人类生产发展提供条件的事业，需要全体社会民众共同参与。体育公益广告作为公益广告中的一种，其目的也应是为社会民众服务。体育公益广告是指广告主通过不同媒体向公众传递体育相关知识，提高受众对体育的认识、认知与理解，宣传体育精神的广告。主旨是传递体育相关信息。通过对样本广告的整理与分析可以得出中国元素的应用更多的是体育赛事广告和体育用品广告，这些广告能在短时间内获得高额效益，所以体育广告主和非体育广告主会把更多的时间、精力、金钱投入到这两种广告中，以期树立公司形象，提高公司企业知名度。体育公益广告同等重要，要让更多的人了解体育，参与到体育中，才会有更多的人去关注体育赛事，去购买体育产品，才能丰富民众的精神文化活动。面对这种情况提出以下建议：

（一）增加体育公益广告的数量

体育公益广告的数量较体育赛事广告和体育用品广告，相对较少、比例较小。一方面，政府要承担起体育宣传的重担，定期推出新的体育公益广告，大力

宣传体育知识和体育精神，鼓励更多人参与体育；另一方面，企业承担起宣传体育的责任，加大对体育公益广告的赞助和投入。企业要改变观念，不再把普及体育看作是政府的义务，宣传体育是社会各主体、各企业都应尽的社会责任和义务。

（二）加强广告设计者对中国元素的运用

广告的创意、广告的表达形式、广告的颜色选用等，都是由广告设计者决定的。广告设计者要意识到体育公益广告不仅可以传播体育，还能通过中国元素的运用传播中华传统文化。广告设计者在创作体育公益广告时，自觉将合适的中国元素运用其中，既赋予体育公益广告浓厚的文化底蕴，传播体育，也宣传了中华传统文化。

四、提高广告创作者对中国元素的认知能力

广告创作者是广告的灵魂人物，所选择的中国元素直接决定着广告的成败。作为广告人，要充分理解中国元素背后深刻的文化含义，根据广告主题选取中国元素，才能充分实现广告的经济功能和文化功能。广告创作者不能只精通广告专业知识，更要涉猎多个行业知识，具备多项知识，才能满足日益变化的现代生活需要。广告创作者应充分掌握受众当地的风土人情，用大众喜爱的、易接受的形式运用中国元素进行广告创作，制作行之有效的广告。

第一，广告创作者应自主参加文化课程和文化培训，了解中国历史，了解中国文化，对中国元素有正确的认识，准确理解中国元素的内涵和外延，打好文化基础，将每一项中国元素背后的文化含义了然于胸，掌握正确的寓意，提高对中国元素的认知。

第二，广告创作者应多参加广告报告会议和交流，掌握最前沿的文化知识，拓宽视野，发散思维。

第三，广告创作者要积极参加中国元素广告创意大赛，参加实践，与更多的广告创作者交流创意，共享资源，提高对中国元素的运用能力。

第四，善于发散思维，对中国元素进行合理的创新，善于将中国元素以灵活多变的形式表现出来，充分发挥中国元素的优势。

第六章　体育产业经营管理的
人才培养与创新发展路径

第一节　体育产业经营管理的人才培养

在体育产业的持续发展背景下，对于人才的数量和质量的需求越来越高，为此，提供社会体育产业人才的需求也是培养人才的一种手段，各个体育相关院校需要扩大人才培养模式加大创新改革力度，提升毕业生的质量，进而提高体育产业培养人才与社会需求之间的平衡关系。就目前而言，部分院校对培养人才的模式需要加以改善。教育部在相关会议上也提出了要以就业和社会需要为导向加强教育创新改革，促进学生不断提高自身的实践能力和市场竞争力。在培养体育产业人才时也要以这种原则为基础开展工作，通过对体育培养人才模式进行改革来解决社会对这方面人才的需求。

一、体育产业经营管理人才培养的作用

体育产业作为一项重要的社会经济活动，其发展不仅关乎经济增长，还深刻影响着人民群众的身体健康和社会文化建设。在这一过程中，培养和引进高素质的体育产业经营管理人才显得尤为重要。

（一）提升体育产业运营效率

在体育产业的日常运营中，科学的经营管理策略是保证效率和效益的基础。体育产业经营管理人才通过对市场需求、资源配置、项目实施等方面的精准分析和科学决策，能够有效提高运营效率。例如，通过市场调研和数据分析，制定合理的市场推广策略和产品定价策略，以更好地满足消费者需求和提升市场竞争

力。另外，高效的市场运营机制是体育产业持续发展的重要保障。体育产业经营管理人才具备市场营销、品牌推广和客户服务等多方面的专业能力，能够通过市场分析、品牌建设和渠道管理等手段，优化市场资源配置，提升产品和服务的市场竞争力。通过建立完善的销售网络和服务体系，进一步提高体育产品和服务的市场占有率和营利能力。

（二）促进体育产业创新发展

在快速变化的市场环境中，创新是体育产业发展的生命源泉。体育产业经营管理人才应具备创新思维和创新能力，能够主动适应市场需求变化，通过技术创新、产品创新和管理创新等手段，不断提升产品质量和服务水平，满足消费者多样化的需求。例如，运用信息技术和数字化手段优化运营流程，提升服务效率和用户体验，推动体育产业向智能化和信息化方向发展。

体育产业经营管理人才的创新驱动，不仅推动企业在技术和管理上的更新换代，还能够引领整个产业的升级转型。通过引进先进技术、开展跨界合作和推动产学研用结合，促进体育产业从传统的体育竞技赛事向全方位的体育健身、体育文化、体育旅游等多元化发展，增强产业的整体竞争力和可持续发展能力。

（三）增强体育产业竞争力

体育产业经营管理人才的培养直接关系体育产业的竞争力提升。优秀的经营管理人才不仅能够有效管理资源、优化成本，还能够通过创新和市场营销策略，提升企业的品牌影响力和市场竞争力。通过系统的培训和职业发展路径设计，激发人才的潜力和创造力，使其在激烈的市场竞争中保持领先地位。

在全球化背景下，国内外体育产业竞争日益激烈。具备优秀经营管理人才的企业，能够更好地应对国际市场竞争挑战，开拓国际化市场，扩大品牌国际影响力。通过引进国际先进管理经验和培育具有国际视野的人才，促进国内体育产业同全球市场的深度融合和拓展，增强国家在国际体育产业中的话语权和扩大影响力。

二、体育产业经营管理人才培养的相关原则

（一）市场导向原则

市场导向原则是指根据市场需求和发展趋势来制订人才培养方案和策略，以保证培养出的人才能够有效适应市场的需求和变化。随着中国体育产业的迅速发展，市场对于高素质、专业化的体育经营管理人才的需求日益增加。自2016年

起，中国各大城市频繁举办马拉松比赛，不仅推动了体育运动的普及和健康生活方式的宣传，也为体育产业的多元化发展提供了契机。这些比赛既是体育赛事，更是一个庞大的市场活动，涵盖了赛事组织、营销推广、赛后服务等多个方面，对于培养和吸引体育产业经营管理人才具有重要的导向作用。同时，政府在体育产业方面的政策支持和法规颁布，如《体育产业发展"十四五"规划》等文件的出台，为体育产业的健康发展提供了制度保障和政策引导。这些政策文件不仅为体育产业的各个领域提供了发展方向，也为培养高水平的经营管理人才提供了良好的环境和条件。

（二）培养人才的能力、知识、素质原则

随着时代的发展，社会对于体育产业经营管理人才的要求逐渐从单一的知识水平向全面素质的提升转变。体育产业经营管理人才不仅需要具备专业的管理知识，还需要具备创新能力、团队协作能力和社会责任感等多方面的素质。

1. 能力的培养

在培养体育产业经营管理人才时，必须注重能力的培养，包括但不限于市场分析能力、战略规划能力、团队领导能力等。这些能力能够使管理人才在面对复杂的市场环境和竞争压力时，能够从容应对，有效解决问题，推动企业持续发展。

2. 专业知识的培养

体育产业经营管理人才还需具备广泛的知识背景和深厚的专业知识，涵盖体育经济学、市场营销、财务管理等多个学科领域。通过系统的教育培训和实践经验的积累，培养出既懂理论又能应用的复合型人才，能够更好地推动体育产业的创新和发展。

3. 综合素质的培养

综合素质的培养是培养体育产业经营管理人才的关键。这包括良好的沟通能力、团队合作精神、创新思维能力和社会责任感等。通过培养这些综合素质，能够使体育经营管理人才在复杂多变的市场环境中，更具有竞争力和适应力。

三、体育产业经营管理人才的培养创新改革

（一）合理设置课程内容和课程时间安排

体育专业是实践性较强的一门专业，对人才的培养也需要较为严格的要求，但部分学校课程的安排存在着重理论轻实践的现象，致使目前体育教学无法得到

满足。为此，需要对课程的安排和内容的设置进行合理的规划，在进行人才培养的过程中根据社会需求以及专业定位来安排相关课程和内容。在这个过程中要高度重视社会、企业和学生专业的实际性联系，为学生建立与社会企业紧密联系的实践基地，采用敞开校门的方式进行教学，这是课程设置中必要的组成部分。通过对即将毕业的学生进行部分访谈不难发现，反馈回来的信息中多为大一比较空闲、大二比较茫然、大三专业课太重难以应付而大四通常忙于找工作以及考研的情况，因此需要合理安排课程，可以采用一年半的时间进行平台式教育，接下来一年半的时间学习专业课，最后一年的时间用来实习和做毕业设计。在这个过程中，应当将思想政治教育课程和职业规划教育课程以及实践教学分散在整个人才培养阶段，进而来激发学生的学习积极性，防止出现懒散、迷茫、闲散的现象。

（二）完善培养人才的知识结构

体育产业涉及学科较多，为此需要合理的知识结构来开拓人才培养，以实现体育人才培养的动态管理、加强体育人才控制能力，对控制过程进行掌握的同时强化运用的熟练程度，在此基础上加强法律、人文、医学、数量、饮食等多方面知识的掌握。对此，在高校开展相关课程的过程中要以通识知识作为主要授课环节，以培养具备良好的人格、道德素养的人才；在日常学习和工作实践中要以经营理念作为主要学习任务，以实现体育产业经营管理过程有效化目标，并对合同法、经济法相关法律加以掌握。专业知识是以所有的专业基础知识共同组成的体系，主要内容是由运动、管理、经济学科等学科知识组成。在掌握理论知识的基础上进行体育产业经营管理时，应具备学科知识和专业知识这两方面的知识，并学以致用。

（三）科学合理假设培养人才模式

现阶段随着高等教育的持续发展壮大，在进行改革的过程中也存在着一些不足，人才培养模式就是其中的一个主要因素，部分院校并没有制定科学的培养人才模式，还是采用生产线的教学方式，采用这样的方式不会培养出较为突出的人才。为此在进行教学改革期间，必然要根据实际情况培养符合社会需要的人才，在这种形势下，体育产业也应当按照社会需要不断进行改革创新培养人才，制定更加科学合理的有针对性的人才培养模式，才能培养出符合我国体育产业发展的相关人才。

1. 培养人才的通用技术能力

通用技能是人才基本能力的表现形式，要注重技能的实用性和规范性，培养人才的通用技能。同时还要加强人才的交际能力和获取信息能力的培养。通过交际能力培养使人才在交流过程中可以更加清晰流畅地表达意愿，增强用词的准确性；通过获取信息能力培养，使体育产业经营管理人才能够充分运用计算机等先进信息技术将体育产业有关的文字、数据、资料等进行收集；并且能够运用云计算以及大数据等技术，深度挖掘出其中隐藏的信息，以此为基础进行整合，实现达到市场对人才的需要。

2. 培养人才的专业技术能力

体育产业专业人才在实践中的表现将直接影响其核心专业能力，主要有决策能力、组织协调能力和风险控制能力。

（1）决策能力。在实践中，良好的决策能力能够帮助管理者在复杂多变的市场环境下迅速作出正确的决策，从而推动体育产业的健康发展。决策能力的培养目标在于让专业人才能够理解和分析市场趋势、企业内部环境以及外部竞争压力，准确把握体育产业发展的方向和路径。通过系统的教育培训和实践经验的积累，专业人才能够培养出敏锐的洞察力和决策能力，使其在管理实践中科学有效地应对各种挑战和问题。

（2）组织协调能力。体育产业的特点决定了其涉及多方面的资源和利益关系，需要管理者具备优秀的组织协调能力，以确保运营的高效和顺畅。在实际操作中，管理者要能够正确地控制和激励团队成员，协调各个部门和功能，使整个体育产业有条不紊地向前发展。因此，组织协调能力的培养目标在于通过学习理论知识和实际操作，使专业人才具备有效沟通、团队建设和资源整合的能力，从而提升体育产业的整体管理水平和运营效率。

（3）风险控制能力。在竞争激烈的市场环境下，风险随时存在，对于管理者来说，如何有效预测和防范风险，是确保体育产业稳定发展的关键之一。风险控制能力的培养目标在于通过深入分析市场情况、制定科学的策略和灵活应对变化，使专业人才能够及时有效地应对各种风险和挑战。这种能力的培养需要从理论学习到实践应用，通过案例分析和模拟演练，使专业人才具备敏锐的风险意识和应对能力，从而为体育产业的长期稳定发展奠定坚实的基础。

第二节　体育产业创新发展的动力与机制

一、体育产业创新发展的内在驱动力

（一）市场需求的推动

市场需求作为体育产业创新发展的主要推动力量，对行业的影响和驱动力不可忽视。随着社会经济的快速发展和人们生活水平的提高，公众对健康、休闲娱乐以及体育消费的需求呈现出持续增长的趋势。这种需求的多样化和个性化特征，不仅体现在传统体育项目的观赏和参与上，更体现在对新型体育项目和服务的渴望与追求。

1. 随着大众生活节奏的加快和工作压力的增大，健康成为人们关注的重点之一

越来越多的个体意识到体育锻炼对身体健康的重要性，因此，体育消费市场在追求健康生活方式的推动下，呈现出持续增长的态势。人们不再满足传统的观赏性体育项目，而是更加倾向于通过参与性和互动性更强的体育活动来达到健身目的，如跑步、健身操等。这种趋势促使体育产业在提供服务和产品时，加强了对个性化需求的响应和创新，如健身智能设备的广泛应用和个性化健身课程的定制化服务。

2. 休闲娱乐需求的增加也推动了体育产业的多样化发展

随着人们生活水平的提高，他们对丰富多彩的休闲娱乐方式的需求日益增强。传统的体育比赛和赛事观看仍然吸引着大量观众，而新型的娱乐体验如电子竞技和虚拟现实体育游戏也因其创新性和互动性受到越来越多年轻人的青睐。这些新兴的体育形式不仅吸引了大众的注意，也为体育产业注入了新的活力和发展动力。

3. 消费者对个性化体验和服务的追求成为体育产业创新的重要驱动因素

现代消费者更加注重体验的个性化和定制化，他们希望通过体育活动获得更为个性化的体验和服务。这种趋势促使体育产业从传统的单一产品销售向多元化、综合化服务转变，如针对不同群体推出的定制化体育活动、个性化的健身计划和智能设备应用等。这种个性化需求的满足，不仅增强了消费者的满意度，也

提升了体育产业在市场竞争中的优势和影响力。

4. 体育产业要在激烈的市场竞争中立于不败之地，必须不断通过创新来适应和引导市场需求的变化

只有深入了解消费者的需求和偏好，才能在产品研发、营销策略和服务模式上做出有针对性的调整和优化。电子竞技的兴起、虚拟现实体育体验的推广以及健身智能设备的普及，都是体育产业在市场需求变化中的积极响应和创新成果。

（二）政策支持的引导

政府政策在推动体育产业创新发展中扮演着至关重要的角色。各国政府通过制定和实施相关政策，旨在激励和支持体育产业的创新与发展，从而促进国民健康、经济增长和社会稳定。这些政策措施涵盖了多个方面，包括资金支持、税收优惠、基础设施建设、人才培养和知识产权保护等，共同构成了体育产业健康发展的综合保障体系。

1. 政府有资金支持

资金是支持体育产业创新与发展的基础性保障。许多国家的政府通过设立专项资金、发放补贴或提供低息贷款等方式，直接支持体育产业的发展项目和创新企业。这些资金的注入不仅帮助企业解决资金短缺问题，还促进了新技术、新产品的研发与推广，推动了整个产业链的升级和转型。

2. 税收优惠政策

许多国家通过减免企业所得税、增值税优惠或税收抵免等方式，降低了企业的经营成本，提升了其盈利能力和竞争力。税收优惠的实施不仅鼓励了企业增加投入到研发创新中，还吸引了更多投资者和创业者进入体育产业，推动了产业链的拓展和完善。

3. 政府加大体育基础设施建设投入

提高和完善体育场馆、训练设施等公共设施，提升了全民体育活动的参与率和质量。良好的基础设施不仅为体育赛事和活动提供了必要的场地和条件，也为体育产业的健康发展创造了良好的环境和条件。

4. 政府在人才培养方面的政策支持至关重要

体育产业需要具备专业化、国际化的人才队伍来支撑其持续发展。因此，政府通过设立专业的体育学院、培训机构，推动体育教育的改革和提升，培养和引进高水平的体育管理人才、教练员和运动员，以及体育科研人才，为产业发展提供了坚实的人才支持。

5. 知识产权保护

政府加大知识产权的立法和执法力度，保护体育产业中的技术创新成果、品牌形象和商业模式，增强了企业和创新者的创新动力和市场竞争力。知识产权的保护不仅促进了科技进步和技术转移，还为企业吸引投资和合作伙伴提供了法律保障，推动了体育产业的健康发展。

二、体育产业创新发展的实现机制

（一）跨界融合与协同创新

跨界融合与协同创新作为推动体育产业创新发展的重要机制，正在逐渐成为全球体育产业的一大趋势。这种融合不仅扩展了体育产业的市场边界，还在商业模式、产品服务和市场需求等多个方面带来了深远影响。

1. "体育+"

体育与旅游、文化、教育等行业的融合，不仅开辟了新的市场空间，还创造了多元化的产品和服务。例如，体育旅游结合了体育赛事观赏与旅游体验，通过组织体育赛事或体育活动来吸引游客，同时为游客提供丰富的旅游体验。这种形式不仅促进了地方经济的发展，还提升了当地体育赛事的知名度和影响力。

2. 举办体育文化节或体育艺术表演

将体育元素与文化传统相结合，不仅丰富了文化生活，还提升了体育活动的参与度和吸引力。例如，某些城市通过举办马拉松赛事，结合当地的历史文化背景和民俗活动，吸引了大量国内外参赛选手和观众，同时推动了地方经济和旅游业的发展。

3. 体育与教育结合

体育与教育的结合不仅有利于学生身体健康的培养，还可以促进学校体育设施的开发和学生体育意识的提高。通过开展校园体育赛事、课外体育活动和体育教育课程，学校不仅提升了学生的整体素质，还培养了未来的体育人才，为体育产业的长远发展输送了源源不断的人才资源。

4. 不同行业之间的合作与互动

促进了资源的高效利用和优势资源的互补，如体育产业可以通过与科技公司的合作，引入先进的 VR（虚拟现实）技术和 AR（增强现实）技术，提升体育赛事的观赏体验；与健康产业的合作，推广健身技术和健康管理服务，满足消费者多样化的健身需求。这种跨界合作不仅加速了创新技术在体育产业中的应用，还为各参与方带来了新的市场机会和商业模式。

（二）创新创业生态的构建

构建良好的创新创业生态对于体育产业的发展至关重要。这一生态系统不仅涵盖了资金支持、创业孵化、市场渠道和法律保障等多个方面，更是为促进创新和创业者的成长提供了关键支持和保障。

1. 充足的资金支持

体育产业的创新往往需要大量的资金投入，尤其是在技术研发、产品开发和市场推广等方面。政府、投资机构以及私人资本的参与至关重要。政府可以通过设立专项基金或提供贷款担保等方式，鼓励投资者和创业者在体育领域进行创新实践。同时，创投机构的介入可以为有潜力的体育创业项目提供风险投资和资本运作支持，帮助其快速成长和扩展。

2. 完善的创业孵化体系

创业孵化器不仅提供了物理空间和基础设施支持，更重要的是在资源整合、导师指导和市场推广等方面提供了全方位的支持。在体育产业中，创业孵化器可以帮助初创企业解决起步阶段的资金短缺、市场开拓和技术转化等难题，提升其生存和发展的成功率。通过与高校、研究机构及行业协会的合作，创业孵化器还能够为创业者提供专业化的培训课程和行业洞察，帮助他们更好地理解市场需求和趋势，从而更有效地进行产品创新和市场定位。

3. 多样化的市场渠道

体育产业涵盖了从体育用品制造到体育赛事组织，再到体育娱乐服务等多个领域。在市场推广和销售方面，创新企业需要探索多样化的销售渠道，包括线上电商平台、线下零售网络、体育赛事的赞助合作以及体育活动的组织和推广等。此外，国际市场的拓展也是提升企业竞争力和市场份额的重要途径，通过参与国际体育展会、运动赛事和跨国合作，可以帮助企业获取更广阔的市场空间和资源。

4. 健全的法律保障

法律体系的健全与完善可以为创业者提供合法保护和权益保障，减少法律风险和纠纷的发生。特别是在知识产权保护、合同履行和投资安全等方面，法律的明确和保障对于企业的长期发展至关重要。因此，政府应当加强相关法律法规的制定和执行，为创新创业提供法律保障的坚实基础。

5. 各类体育产业创新创业大赛、创业孵化器和创投基金的设立，为体育产业的创新创业提供了有效的平台和支持

创新创业大赛不仅可以激励更多的创业者参与创新实践，还能为优秀项目提供曝光和奖励，推动其进一步发展和成长。创业孵化器和创投基金则通过提供专业化服务和资金支持，帮助初创企业快速成长和扩展，培育出更多具有市场竞争力的新兴企业。

第三节　体育产业创新发展的路径探索

体育产业作为现代经济的重要组成部分，其发展模式和创新路径一直是学界和业界关注的焦点。在全球化和信息化的背景下，体育产业的创新发展不仅是提升产业竞争力的必要手段，也是满足人民日益增长的健康需求的重要途径。下面从多角度详细探讨体育产业创新发展的路径，以期为相关从业者和政策制定者提供有益的参考。

一、科技赋能：驱动体育产业变革

（一）大数据与人工智能的应用

大数据和人工智能技术的迅猛发展为体育产业带来了前所未有的机遇和挑战。这些先进技术不仅改变了体育赛事的管理和运营方式，还深刻影响了运动员的训练效率、观众的体验以及市场营销的精准度。大数据可与人工智能在体育产业中多重应用，从数据采集到智能决策，展示其如何成为推动产业发展的重要驱动力。

1. 数据采集与分析：洞察市场需求与消费者行为

大数据分析在体育产业中的应用已经超越了传统的数据处理范畴。通过对运动员表现、观众偏好和市场趋势的深入分析，体育组织和企业能够更准确地洞察市场需求和消费者行为。例如，在体育赛事管理中，通过实时采集比赛数据和观众反馈，分析运动员的表现数据，可以帮助教练制定更科学的训练方案和比赛策略。这种个性化的数据分析不仅提高了竞技体育的水平，还增强了球迷的参与感和观赛体验。此外，大数据还支持体育市场营销的精准化。通过分析用户的观看习惯、社交媒体互动和消费行为，体育品牌可以精确地定位目标受众，制订个性

化的营销策略和产品开发计划。例如，根据观众在赛事直播中的互动数据，体育品牌可以为不同用户群体定制专属的营销活动，提高品牌的影响力和用户的忠诚度。

2. 人工智能技术的应用：提升专业化水平

在运动监测方面，传感器技术和机器学习算法的结合，使得运动员的训练和健康管理更加科学和精准。例如，智能穿戴设备可以实时监测运动员的身体指标和运动数据，为教练提供即时反馈和个性化建议，帮助运动员提高训练效率和竞技表现。

在裁判辅助和赛事管理方面，人工智能技术的应用也显著提升了赛事的公正性和效率。自动视频分析和虚拟裁判系统可以帮助裁判员在瞬息万变的比赛环境中做出更加客观和准确的判断，避免人为因素对比赛结果的影响。这种技术的引入不仅提升了比赛的专业性和公平性，还增强了观众对比赛结果的信任度，促进了体育赛事的可持续发展。

随着大数据和人工智能技术的不断进步，体育产业面临着新的机遇和挑战。未来，技术创新将继续推动体育产业向智能化、数字化和个性化方向发展。然而，与技术发展同步而来的是数据隐私保护、伦理道德问题和技术安全性的挑战。如何在技术创新与社会责任之间找到平衡，成为体育产业未来发展的关键问题之一。

（二）互联网与移动互联网的普及

互联网和移动互联网的普及，深刻地改变了人们参与体育活动和获取体育信息的方式，对体育产业的影响也是全方位且深远的。这两大技术的普及不仅加快了信息传播的速度，还重新定义了体育赛事的观看体验和商业运作模式。

1. 互联网和移动互联网的兴起为体育赛事的传播带来了巨大的变革

过去，观众要想观看体育赛事，往往需要通过电视直播或现场观赛的方式，观看渠道相对有限且受地域限制。而随着在线直播平台如 YouTube、Twitch，以及专门的体育赛事直播平台的兴起，现在观众可以通过手机、平板电脑等移动设备随时随地观看全球范围内的体育赛事。这种便捷和全球化的观看方式极大地提升了体育赛事的可及性和观赏性，使得更多人能够参与到体育赛事的互动和讨论中。

2. 互联网技术的普及推动了体育赛事的互动性增强

社交媒体平台不仅成为观众分享赛事观感和互动讨论的重要场所，也为体育赛事和运动员建立了更加直接和亲密的联系。通过这些平台，观众可以实时了解赛事进展、发表评论、与其他粉丝互动，甚至直接与运动员进行交流，从而深度参与到体育赛事的社群中去。

3. 互联网技术的应用推动了体育电商的快速发展

传统的体育用品销售往往依赖于实体店，购买受到时间和地域的限制。而随着电子商务平台如淘宝、京东、亚马逊等的崛起，以及专门的体育电商网站和应用的出现，消费者可以更便捷地浏览和购买各类体育用品、服装、装备以及赛事门票等。这种直接面向消费者的销售模式不仅提升了购物便利性，也为体育品牌和零售商开辟了全新的销售渠道，有效提升了体育产业的商业价值和市场覆盖率。

（三）虚拟现实与增强现实技术的应用

虚拟现实（VR）和增强现实（AR）技术作为新兴的数字化工具，正在为体育产业带来前所未有的革新和变革。它们不仅改变了观众的观赛体验，还深刻影响了训练、管理以及体育事件的组织与运营。下面详细探讨 VR 和 AR 技术在体育产业中的多重应用，从提升观众参与度到改善运动员训练效果，展示其在推动产业发展中的关键作用。

1. VR 技术的应用

虚拟现实技术通过其沉浸式体验，为观众提供了全新的观赛方式。无论是在家中还是在体育馆内，观众都能够通过 VR 设备进入虚拟赛场，仿佛置身于实际比赛现场。这种身临其境的体验不仅增加了观众的参与感和互动性，还大大提升了赛事的观赏价值。例如，在一场篮球比赛中，观众可以通过 VR 眼镜体验站在球场中央的感觉，实时感受球员的速度和比赛的紧张氛围，这种亲身体验远远超越了传统电视直播所能提供的观赛体验。此外，VR 技术还被广泛应用于运动员的训练和技术改进。通过虚拟训练模拟，运动员可以在安全和控制的环境下进行多次反复的实战模拟，从而有效地提高技术水平和比赛策略的制定。这种模拟训练不仅节省了实际场地和时间成本，还能够精准地分析运动员在虚拟场景中的表现，为教练提供有价值的数据和反馈，从而优化训练方案和战术布置。

2. AR 技术的应用

增强现实技术通过将数字信息叠加到真实场景中，为观众提供了更丰富、更交互的观赛体验。在体育直播中，AR 技术可以实时叠加比赛数据、球员统计和战术分析，使观众能够通过手机或平板电脑获取详细的比赛信息，如球员的跑动轨迹、得分情况以及实时统计数据。这种信息叠加不仅丰富了观众的观赛内容，还提升了他们的参与感和理解能力，使观众更加深入地了解比赛的各个方面。

在体育赛事的实际运营中，AR 技术还可以用于增强赛场环境的交互性和趣味性。例如，在体育馆内，观众可以通过 AR 应用看到球员的实时数据和运动轨迹，还可以与朋友分享他们的观看体验，增加社交互动的机会。这种增强现实的应用不仅提升了赛事的娱乐价值，还促进了体育品牌和赞助商与观众之间的更紧密互动，创造了新的商业机会和收入来源。

随着 VR 和 AR 技术的不断进步和普及，体育产业面临着新的发展机遇和挑战。未来，随着设备成本的降低和技术功能的提升，这些技术将更加普及和智能化，为体育产业带来更多创新应用。然而，技术的广泛应用也面临着数据隐私保护、内容安全性和用户体验的挑战。体育产业需要在技术创新与用户利益之间找到平衡，确保技术的应用能够真正服务于体育参与者和观众的利益，推动产业向智能化和个性化体验的方向发展。

二、商业模式创新：提升体育产业价值

（一）体育赛事的商业化运作

1. 体育赛事的商业化运作通过建立品牌赛事，显著提升了赛事的知名度和影响力

以职业联赛为例，通过精心策划和市场推广，体育组织能够打造具有广泛认知和吸引力的赛事品牌。这些联赛如英超、NBA 等，不仅因为高水平的竞技体验吸引了全球观众的目光，更因为其独特的商业模式和运营策略成为体育产业的典范。品牌赛事的建立带动了赛事观众数量的增加和媒体报道的频繁，进而吸引了更多的商业赞助和广告投入，形成了良性的市场反馈循环。

2. 体育赛事的商业化不仅提升了赛事的知名度，还大大增加了赛事的商业价值

赞助商的参与成为体育赛事商业化运作的重要支柱之一。赞助商通过与赛事进行合作，不仅能够将品牌曝光度提升到全球范围，还可以通过赛事期间的广告、产品展示和官方合作等方式，直接触及数百万甚至数十亿的观众群体。这种合作不仅使赛事能够获得稳定的资金支持，还通过品牌协同效应提升了赞助商自身的市场价值和品牌影响力。

3. 体育赛事商业化运作的另一重要方面是多元化的收入来源

除了传统的门票销售和赞助合作外，赛事组织者还通过赛事的版权销售、电视转播权和网络直播等渠道，实现了多元化收入的获取。这些收入来源不仅增强了赛事的经济实力，还提升了其可持续发展的能力，使赛事能够在长期内保持稳定地运营和发展。

4. 体育赛事的商业化运作需要依赖有效的市场推广策略和持续发展战略

市场推广不仅是宣传赛事的关键手段，更是吸引观众、赞助商和媒体关注的重要途径。通过精准的市场定位和营销策略，赛事能够更好地满足不同群体观众的需求，提升观赛体验和参与感，从而扩大赛事的社会影响力和市场影响力。

5. 体育赛事组织需要注重长远规划和战略布局

这包括提升赛事的专业化运营水平、完善赛事体验和服务质量，以及加强与各方利益相关者的合作与沟通。通过建立健全的管理体系和运营机制，赛事能够在竞争激烈的体育市场中保持领先地位，持续推动产业的创新和发展。

（二）体育场馆的多功能开发

体育场馆的多功能开发是当今提升体育产业价值的重要策略。传统上，体育场馆主要用于举办比赛和进行训练，其功能相对单一。然而，随着社会经济的发展和市场需求的变化，单一功能的体育场馆逐渐不能满足多样化的需求。因此，将体育场馆开发成为具有多种功能的综合性场所，成为当前体育产业发展的一大趋势。

1. 综合性场馆的新定位

在现代社会，越来越多的城市和地区开始意识到，仅仅依靠体育赛事和训练来运作体育场馆已不足以充分利用其潜力和资源。因此，通过将体育场馆与商业、娱乐、文化等多种功能有机结合，可以大大提高场馆的利用率和经济效益。例如，一些城市采取了将体育场馆作为综合性体育文化中心的做法，不仅能够丰富市民的日常生活，还能吸引游客和外地观众，成为城市重要的文化和旅游地标。

2. 提升场馆的经济价值

多功能开发不仅是对体育场馆空间的重新利用，更是对体育产业价值的有效提升。通过引入商业元素如商场、餐饮服务、娱乐设施等，体育场馆不再依赖于体育赛事带来的收入，而是形成了多元化的经济运作模式。这种模式不仅增加了场馆的日常运营收入，还能够在非赛事期间持续吸引消费者流量，成为城市商业和文化活动的重要支持点。

3. 促进城市形象和品牌建设

综合性体育文化中心的建设不再是为了满足市民的体育需求，更是一种城市形象和品牌建设的重要策略。一个现代化、多功能的体育场馆不仅能够展示城市的发展水平和对体育文化的重视，还能够成为国内外观众和游客关注的焦点。例如，世界级的综合体育文化中心不仅可以举办国际体育赛事，还可以成为举办各类文化活动、展览会和商业展示的理想场地，从而提升城市的知名度和吸引力。

尽管体育场馆的多功能开发有诸多优势和潜力，但其实施过程中也面临一些挑战。例如，如何在保持体育本质的同时，有效整合多种功能，确保运营的高效性和经济性，是需要深入思考和有效规划的问题。此外，体育场馆的多功能开发还需要充分考虑场馆设计、设施建设、运营管理等方面的细节，确保实现多功能目标的同时，不影响原有的体育功能和赛事运作。

（三）体育传媒的多元化发展

1. 新兴媒体形式的兴起

体育传媒的多元化发展主要体现在新兴媒体形式的迅速兴起。传统的体育传媒主要依赖电视广播和纸质媒体，这些传统媒体在传播体育赛事和信息方面发挥了重要作用。然而，随着互联网和移动互联网技术的普及，新兴媒体如在线直播、短视频平台和社交媒体逐渐崛起，成为体育内容传播的新宠。

（1）在线直播平台，如腾讯体育、爱奇艺体育等，通过实时的视频流传输，使全球观众可以随时随地观看到各类体育赛事。这种形式不仅大大扩展了观众的覆盖面，还提升了观赛的便捷性和互动性，使得体育赛事的观看不再受限于特定的时间和地点。

（2）短视频平台，通过精简、高效的内容呈现方式，迅速吸引了年轻观众群体的注意力。通过短视频，体育精彩瞬间可以快速传播，有效激发观众的兴趣，提升体育赛事的曝光度和话题性。

（3）社交媒体，社交媒体的崛起更是为体育传媒带来了全新的互动方式。体育组织和运动员可以通过建立个人或团体账号，与粉丝直接互动，发布赛事动态、幕后花絮和个人训练视频，从而提升粉丝的参与感和忠诚度，提升品牌的社会影响力和市场价值。

2. 自建媒体平台与品牌影响力的提升

体育传媒的多元化发展还体现在体育组织和企业自建媒体平台的趋势上。越来越多的体育赛事和品牌意识到通过自有媒体平台直接与粉丝和观众互动的重要性。这些平台不仅可以实时更新赛事新闻和结果，还可以提供背景故事、选手访谈、赛事分析等丰富内容，深度挖掘体育背后的故事和情感，从而增强观众的参与感和黏性。

通过自建媒体平台，体育组织可以更加灵活地控制内容发布的节奏和形式，有效扩大品牌的数字影响力和社交影响力。同时，这些平台也成为赞助商和广告商的重要合作对象，通过各种形式的内容合作和品牌植入，实现了商业价值的最大化。

参考文献

［1］曹亚东．体育产业经营管理［M］．西安：西安交通大学出版社，2014．

［2］樊晓东，杨明，苏红鹏．学校体育文化建设［M］．武汉：武汉大学出版社，2016．

［3］韩坤．中国竞技体育崛起研究［M］．杭州：浙江大学出版社，2011．

［4］李静文．休闲体育产业与经营管理［M］．北京：新华出版社，2017．

［5］张春志．我国体育产业发展的理论与实践研究［M］．北京：新华出版社，2015．

［6］张高华．休闲体育发展与体育产业结构调整研究［M］．北京：中国农业出版社，2018．

［7］韦淼．体育经济政策视角下体育产业发展研究［J］．经济师，2021（12）：250-251，254．

［8］王保宏，宋发绪，张晓敏．宁夏体育场馆经营情况分析［J］．文体用品与科技，2020（11）：7．

［9］曾聪．高校智慧体育场馆构建研究［J］．文体用品与科技，2024（2）：196．

［10］李灵玉．体育赛事管理的创新与实践［J］．文体用品与科技，2024（6）：35．

［11］彭春梅，叶文平．体育用品企业利用体育赛事营销策略［J］．人力资源管理，2012（1）：156．

［12］陈汉明，张赢．浅析体育赛事转播权价值评估［J］．中国科技纵横，2023（18）：138．

［13］王盈盈，邓万金．数字赋能休闲体育产业高质量发展的路径走向［J］．体育科技文献通报，2023，31（6）：187．

［14］邓东青．浅议休闲体育产业的发展困境及优化［J］．文体用品与科技，2019，12（12）：251.

［15］贝力．体育健身休闲产业与养老产业融合发展研究［J］．文化学刊，2016（4）：198.

［16］徐运君．健康中国背景下我国体育旅游休闲产业发展现状与对策探讨［J］．体育科技文献通报，2021，29（10）：61.

［17］沈华柱．广告经营对我国体育电视产业结构的影响分析［J］．现代传播，2014，36（6）：98-102，108.

［18］安轶龙．QFD在体育产业经营管理人才培养中的应用研究［J］．科技管理研究，2012，32（4）：114-117.

［19］袁夕坤，战焰磊．推动我国体育产业高质量发展的路径选择［J］．经济与管理评论，2023，39（1）：150-160.

［20］康露，黄海燕．新时代体育产业高质量发展综合评价与实证研究［J］．天津体育学院学报，2023，38（1）：25-31，38.

［21］王珺，张文静，沈克印．体育产业高质量发展的支撑体系与策略探讨［J］．武汉体育学院学报，2023，57（1）：58-64.

［22］付群，胡智婷，侯想．新时代中国体育产业高质量发展的现实逻辑、内生动力和实践探索［J］．天津体育学院学报，2023，38（3）：322-328.

［23］任波．数字经济与体育产业融合发展：理论内涵与实证测评［J］．中国体育科技，2023，59（8）：82-89.

［24］马越斐，李海．新发展格局下我国体育产业发展模式：样态、问题诊断及创新路径［J］．体育文化导刊，2023（1）：83-89.

［25］苗治文，刘月．新发展阶段我国海洋体育产业发展的区位逻辑及空间布局［J］．体育学刊，2023，30（6）：66-73.

［26］徐雄，王康锋，鸦新颖．新发展理念下我国区域体育产业一体化发展的意蕴、困境与路径［J］．体育学刊，2023，30（5）：38-44.

［27］江涵逸，郑芳．数字技术助推新时代体育产业发展：机制、约束与保障［J］．中国体育科技，2024，60（2）：63-71.

［28］张艳枚，沈克印．"双循环"新发展格局下体育产业供需两侧协同发力的作用机理与实施路径［J］．天津体育学院学报，2023，38（3）：336-341.

［29］蔡朋龙，汪毅．新发展阶段中国现代体育产业体系构建研究［J］．天

津体育学院学报，2023，38（4）：412-419.

　　［30］程宇飞，范尧．新发展格局下体育产业供需均衡的理论逻辑、困境归因与因应之策［J］．武汉体育学院学报，2023，57（6）：54-61.

　　［31］李荣日，于迪扬．数字经济驱动体育产业振兴发展：逻辑理路与实现向度［J］．天津体育学院学报，2023，38（6）：653-661.

　　［32］柴王军，王文渤，师浩轩，等．数字经济驱动体育产业供需适配的内在机理与实现路径［J］．上海体育学院学报，2023，47（10）：88-98.

　　［33］李在军，李正鑫，崔亚芹．数字经济赋能体育产业高质量发展：机理、表现、问题与对策［J］．沈阳体育学院学报，2023，42（2）：1-8.

　　［34］夏江涛，王石峰，黎镇鹏．我国体育旅游产业数字化转型：动力机制、现实困境与实践路径［J］．体育学研究，2023，37（3）：65-75.

　　［35］蔡朋龙．现代体育产业体系：内涵与构建策略［J］．体育文化导刊，2023（4）：78-86.

　　［36］沈克印，段嘉琦，牟粼琳．数字经济与体育产业深度融合的动力机制研究［J］．体育学研究，2023，37（3）：53-64.

　　［37］柏景岚，任波．中国体育产业促进城市转型的作用与策略［J］．体育学研究，2023，37（1）：59-70.

　　［38］郭子瑜，陈刚．体育产业助力共同富裕：价值意蕴、实践经验与推进策略［J］．体育文化导刊，2023（5）：70-77.

　　［39］柴王军，姚浩江，师浩轩，等．"双循环"新发展格局下体育产业供需适配的演变历程、作用机理与治理路径［J］．沈阳体育学院学报，2023，42（3）：16-23.

　　［40］袁园媛，黄海燕．我国体育产业投融资发展历程、重点领域与推进路径［J］．体育文化导刊，2023（7）：65-70，110.

　　［41］任波．"双碳"目标下我国体育产业高质量发展：内在逻辑与实现路径［J］．沈阳体育学院学报，2023，42（1）：115-122.

　　［42］任保平，李婧瑜．数字经济赋能我国体育产业现代化的逻辑与路径［J］．体育学研究，2023，37（2）：1-7.

　　［43］王璇，沈克印．中国式现代化视域下数字经济助推体育产业高质量发展的实施路径［J］．沈阳体育学院学报，2023，42（4）：115-121.